Rolf Gerling / Otto-Peter Obermeier (Hrsg.)

Risiko - Störfall - Kommunikation 2

Rolf Gerling
Otto-Peter Obermeier
(Hrsg.)

Risiko – Störfall – Kommunikation 2

GERLING AKADEMIE VERLAG

Die Deutsche Bibliothek - CIP-Einheitsaufnahme

Risiko - Störfall - Kommunikation / Rolf Gerling : Otto-Peter
Obermeier (Hrsg.). - München : Gerling Akad.-Verl.
NE: Gerling, Rolf [Hrsg.]
2 (1995)
ISBN 3-9803352-1-6

Prinzregentenstraße 11, D-80538 München

Umschlag, Satz und Layout: Gerling Akademie Verlag, München unter Verwendung eines Fotos von der Dia-Agentur Prisma, Zürich
Litho und Druck: AWI-Druck GmbH, München
Printed in Germany

Inhaltsverzeichnis

Einleitung

Risiken und die Auswirkungen eines Störfalls sind schwer objektivierbar. So definieren verschiedene soziale Gruppierungen das Risiko einer bestimmten Technologie ebenso wie die Schäden bei Störfällen unterschiedlich, teilweise sogar konträr. Jede argumentiert aus ihrer jeweiligen Weltsicht, Logik und Sprache, die den anderen zumeist nicht verständlich, geschweige denn in ihrem Wahrheitsanspruch vermittelbar sind. Diese Tatsache behindert eine offene Kommunikation zwischen den Fronten erheblich und trägt damit zu einer Verschärfung der Störfallproblematik bei.

Gründe und Gesetzmäßigkeiten für eine gestörte Risikokommunikation aufzuweisen sowie Brücken zwischen den einzelnen "Risikostilen" zu schlagen, ist vornehmliche Absicht des zweiten Bandes "Risiko - Störfall - Kommunikation".

Methodisch wird dies dadurch erfüllt, daß in dem ersten, mehr grundsätzlichen Beitrag die angedeuteten Grundzüge der Risikokommunikation dargelegt werden. Worum geht es bei der Kommunikation über Risiken? Wer kommuniziert wie mit welchen Folgen? Was sind die Voraussetzungen für eine geglückte Risikokommunikation? Eine der Empfehlungen lautet, die Grenzen der eigenen Risikosicht zu akzeptieren und sich für die Sicht des anderen zu öffnen. Dann besteht eine Chance, Konsens im Markt der divergierenden Gruppenegoismen zu finden.

Die übrigen Beiträge öffnen demgemäß beispielhaft den Blick für unterschiedliche Risikosichten und die damit verbundenen Kommunikationsprobleme von jeweils dahinter stehenden Gruppierungen:

- für die Risikologik der Medien, die unter dem Diktat publikumswirksamer Berichterstattung stehen und dementsprechend Störfälle "auswerten";

- für die Sicht des Gesetzgebers, der durch Verschärfung der Strafen Störfälle verhindern möchte;
- für den Risikostil des Riskmanagers von Chemiekonzernen, der mit technischen und organisatorischen Mitteln Sicherheit im Unternehmen gewährleisten will;
- für die Risikosicht des Forschers und Entwicklers neuer Technologien, der die Chancen und Risiken wissenschaftlich abzuwägen sucht;
- und schließlich für die Risikowahrnehmung des Unternehmers aus der Energiewirtschaft, der auf Sicherheitsansprüche aus der Gesellschaft reagieren muß.

Die Beiträge müssen nicht die Sicht der Gerling Akademie widerspiegeln. Sie dienen statt dessen dem Verständnis der jeweiligen Position, so daß eine faire Risikokommunikation möglich wird.

An dieser Stelle möchte ich mich bei den Autoren bedanken, die ihre Beiträge am 9. März 1995 auf dem 2. Symposium der Veranstaltungsreihe "Risiko - Störfall - Kommunikation" der Gerling Akademie in Köln zur Diskussion gestellt haben.

Zürich, im März 1995

Dr. Rolf Gerling

Bedeutung und Grundzüge der Risikokommunikation

Beitrag von Prof. Dr. Dr. Otto-Peter Obermeier, Mitglied der Geschäftsleitung der Gerling Akademie für Risikoforschung AG, Zürich

1. Risiko: eine rationale Antwort auf archaisches Fühlen

Insecuritas humana

Es existiert ein Urgefühl in Individuen und Kollektiven, das wir mit Begriffen wie "Ungesichertheit und Ungewißheit"[1] umschreiben können. Dieses Gefühl drückt sich aus in nicht-gerichteter, diffuser Angst, die wohl schon jeden befallen hat, wenn er spürt, "es könnte etwas schiefgehen", wenn er fühlt, daß der letzte Gang, das Sterben, noch zu bewältigen ist, wenn er wittert, daß trotz ausgeklügelter Entscheidungsstrategien die ominösen Rahmenbedingungen wieder alles zunichtemachen. Fragen wie: woher kommen wir?, wohin gehen wir?, wer sind wir eigentlich?, wer bestimmt unser Schicksal?, die Götter, ein Gott, wir selbst oder der Zufall, haben archaischen Charakter. Steht hinter dem scheinbar unendlichen Prozeß des Weltgeschehens eine Macht, die gleichsam die Fäden des Seins in ihrer Hand hält bzw. zerschneidet? Verbirgt sich dahinter die Vorsehung eines gütigen Vatergottes, oder ist es an der Zeit, die mythischen oder religiösen Gespenster zu verscheuchen und abzuschütteln? Müssen wir nicht anerkennen, daß wir alleine es sind, die unser Schicksal bestim-

[1] Es war der Philosoph Peter Wust, der die "Insecuritas humana", "die Ungesichertheit, Ungewißheit, Ungeborgenheit, Gefährdetheit, Seinsungesichertheit, Wesensunruhe des Menschen" zum Mittelpunkt seiner Anthropologie machte. Vgl. Peter Wust, Ungewißheit und Wagnis, München 1986, S. 26 ff., S. 32 ff.

men und akzeptieren, daß das Universum ansonsten gleichgültig ist gegen unsere "Sucht" nach Sinn?

Streben nach Gesichertheit und Sicherheit

Dieser Angst vor Schicksalsschlägen stellen wir Menschen ein Streben nach Gesichertheit und Sicherheit entgegen. Ein ganzes Heer von Mythen, Riten und magischen Zauberformeln, Offenbarungen und Religionen sollten und sollen "Ungesichertheitsareale" in sicheren Lebensraum verwandeln. Bei riskanten Entscheidungen wurden Astrologen und Traumdeuter befragt, das Orakel bzw. das I Ging und die Numerologie konsultiert, Karten gelegt, aus Teeblättern gelesen, Opfer gebracht und die Beihilfe Gottes erfleht.

Triumph der merkantilen, technischen
und wissenschaftlichen Rationalität

All diese Verfahren zur Bändigung der Zukunft, der Ungesichertheit und Unsicherheit wurden abgelöst durch den Triumph der merkantilen Rationalität, durch Technik und Wissenschaft. Nicht, daß Astrologie, Numerologie, Tarot, Teeblattorakel ganz verschwunden wären. Sie spielen derzeit im esoterischen Business und Entertainment eine große Rolle. Aber wer die Gefährlichkeit einer Müllverbrennungsanlage einschätzen will, verläßt sich lieber doch auf nüchterne Risikoanalysen. So verstanden, ist Risiko der säkularisierte, der auf Empirie und Wissenschaften basierende Nachfolgebegriff des mythenschwangeren Schicksals.

Aber schon hier gilt es, kurz halt zu machen. Wer sich mit Risikokommunikation beschäftigt, sollte nie vergessen, daß die rationale Schicht in uns dünn ist. Nach wie vor hausen in unserer Tiefenstruktur archaische Ängste, die sich oft unvermittelt in sogenannten irrationalistischen Handlungen zeigen. Der berühmt-berüchtigte Kommunikationsgau ist vorprogrammiert, wenn wir vergessen, wie beschränkt in Krisensituationen sachliche Aufklärung wirkt. Diese spricht schlichtweg einen wesentlichen Teil unserer Sorgen und Ängste nicht an, und Aspekte der menschlichen Psyche, ja seines Seins, werden verfehlt.

Wankt das Paradigma unserer Grenzüberschreitungskultur?

Risiko basiert jedoch nicht nur auf dem Sieg der technischen und wissenschaftlich-theoretischen Rationalität, auf Experimenten, Instrumenten, Maschinen, Technologien, Modellen, Theorien und Formalwissen. Risiko ist auch der Ausdruck einer an Wagnis und Unternehmen orientierten merkantilen Weltsicht. Diese Weltsicht durchbrach programmatisch und systematisch Grenzen des Alten und suchte das Abenteuer des Unbekannten. Die "grosse aventure"- und die "Great Adventure"-Paradigmen gebaren wohl schon im 12. Jahrhundert eine auf geistige, geographische und den Handel angelegte, bewußt gehandhabte "Grenzüberschreitungskultur". Auf Abenteuer auszuziehen und Wagnisse einzugehen, das waren keine privatistischen Spinnereien mehr, sondern bewußte Realisierungen eines Programms. Und eine Reihe sozialer Erfindungen, etwa die der "Zwangs-Seeversicherung auf Gegenseitigkeit", etwa jene des Wechselbriefes, machten das Risiko kalkulierbar.[2] Aber auch dieses fast tausendjährige Programm der bewußten, systematischen Grenzüberschreitung, der Lust am kalkulierbaren Risiko, zeigt Spuren der Auszehrung. Fortschritts-, Technologie-, und Wissenschaftsglaube geraten ins Wanken, der universelle Handel wird angeprangert. Wagnisscheue Prinzipien werden propagiert.[3]

---

[2] Hierzu Werner Sombart, Der moderne Kapitalismus, Bd. 2/1, München, Leipzig 1916, S. 25, S. 307 ff.

[3] Ich denke hier an den H. Jonas'schen Grundsatz: "Daß der Unheilsprophezeiung mehr Gehör zu geben ist als der Heilsprophezeiung"; ders., Das Prinzip Verantwortung, Frankfurt a. M. 1979, S. 70. Würde dieses Prinzip ernstgenommen, so existierte wohl kaum unsere moderne Gesellschaft.

▶ Die Wurzeln des Risikos und mögliche Antworten

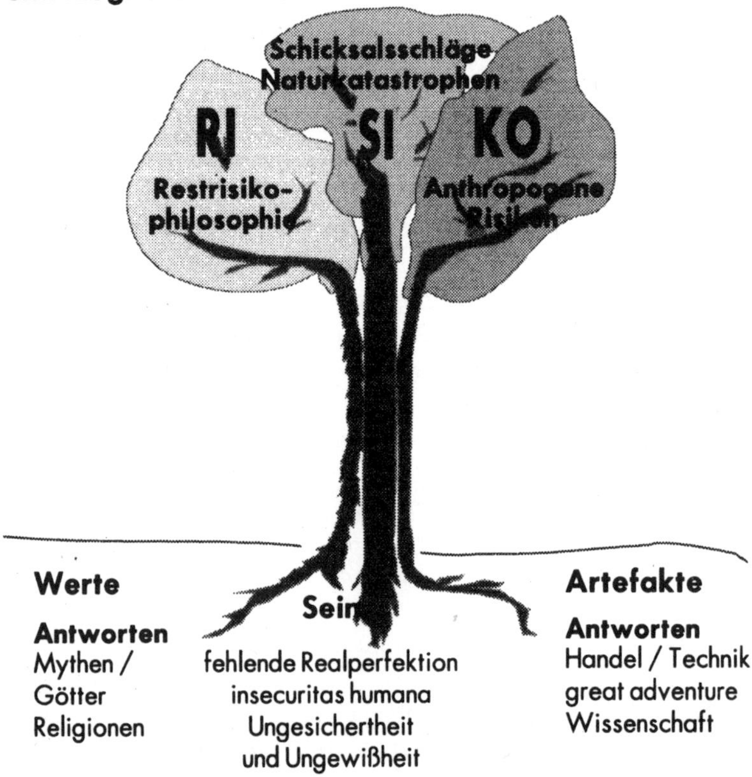

Die zwei Eckpfeiler der Risikokommunikation: archaische Ängste und Zweifel an unserer Grenzüberschreitungskultur

All dies gilt es, bei der Risikokommunikation zu bedenken. Häufig sind gewisse Ereignisse - etwa das Versenken der Brent Spar - nur der Anlaß, um der vorherrschenden Weltsicht ihr - angeblich oder tatsächlich - ausgemergeltes Spiegelbild zu zeigen. Risikokommunikation ist auch ein Indikator einer offen und verdeckt geführten Schlacht um das Paradigma des "Great Adventures", dessen jahrhundertealte Attraktivität zu schwinden scheint.

Risikokommunikation ist somit verbunden mit zwei generellen Einsichten:

- Risiko ist zwar das Ergebnis einer von Abenteurergeist, universellem Handel, Technik und Wissenschaft geprägten "Wagniskultur", die uns im übrigen hohe Sicherungen und Sicherheit einbrachte. Im Krisenfall brechen jedoch archaische Ängste, die das Wesen des Menschen mitbestimmen, erneut auf. Unter der rationalen Tünche liegen die Mythen und die Magie und darunter brodelt der Sumpf der Urängste.

- Das Paradigma der "Grenzüberschreitungskultur" hat seinen naturwüchsigen Sex-Appeal verloren. Es überzeugt nicht mehr allein durch seine Anwesenheit. Gegenwelten beschränken sich nicht mehr auf "Neben- und Seitensteher", sondern werden von gesellschaftsrelevanten Gruppierungen mitgetragen. Anders ausgedrückt: wenn wir uns einig sind, daß nahezu jede neue Technologie den Fortschritt fördert und unseren Wohlstand mehrt, so erzeugt dieser Fortschrittsglaube einen anderen Kommunikationsstil als der, der ein Milieu des Zweifels und der Skepsis berücksichtigen muß.

2. Risikokommunikation und unternehmerische Praxis

2.1. Die drei Grundfragen der Kommunikation

Die drei Arten von Kommunikationspolitik

Betrachten wir das Kommunikationsverhalten von Unternehmen in den letzten Jahrzehnten, so lassen sich in etwa drei Phasen oder drei Arten von Kommunikationspolitik ausmachen.[4] Erstens die sog. Arkanapolitik.[5] Unternehmen versuchten, die Öffentlichkeit von eventuellen Risiken bzw. Sicherheitsproblemen fernzuhalten, sie eben nicht zu informieren. Begründet wurde dieses Verhalten mit angeblichem Know-how-Schutz, mit Patent- und Konkurrenzschutz, mit fehlendem Interesse der Öffentlichkeit. In Wirklichkeit liegt hier wohl eher eine spezielle Art der Kommunikationsverweigerung vor. Dies trifft sowohl auf das Gutachterwesen zu - die ersten Risikostudien über Kernkraftwerke in den USA wurden über Jahre unter Verschluß gehalten[6] - als auch auf die Risiken selbst und deren mögliche Schadenpotentiale. Einschneidende Ereignisse, etwa der Störfall von Seveso 1976, zwangen die Unternehmen, die Öffentlichkeit "zu entdecken" und ernstzunehmen.

Was liegt jedoch einem technisch-naturwissenschaftlichen Weltbild näher, als auf der Grundlage von Aufklärungspolitik sowie

---

[4] Peter Sandmann charakterisiert das Kommunikationsverhalten der chemischen Industrie mit drei Perioden: Obstruktionsperiode, Missionsperiode und Dialogperiode. Hierzu auch: R. Gründer, Risk Management in der chemischen Industrie, in: H. Ruh, H. Seiler, Gesellschaft - Ethik - Risiko, Basel, Boston, Berlin 1993, S. 63 - 70 (S. 64).

[5] Von "arcanum", das Geheimnis

[6] Vgl. R. Kollert, Systematische Unterbewertung von Katastrophenrisiken - Zur Anwendung des Risikobegriffes in nuklearen Risikoanalysen, in: G. Bechmann (Hrsg.), Risiko und Gesellschaft, Opladen 1993, S. 25 - 57 (S. 27 - 30).

Sach- und Fachinformationen den Laien über Risiken, mögliche Schäden und Sicherheitsmaßnahmen, über extrem geringe Eintrittshäufigkeiten, über die Ergebnisse der Ereignisablaufanalysen, aufzuklären? Um es kurz zu machen: diese Art von Kommunikationspolitik erreicht den "nuklear-, chemisch-, gentechnologisch-interessierten Laien" kaum. Weder sind Negativpotenzen, die die Eintrittswahrscheinlichkeit eines Ereignisses wiedergeben, psychisch nachvollziehbar, noch Aussagen der Art: "Das Risiko stellt dann die Menge der Tripel dar: 'r = { }'" kommunizierbar.

Zur Logik des sozialen Umgangs mit Risiken

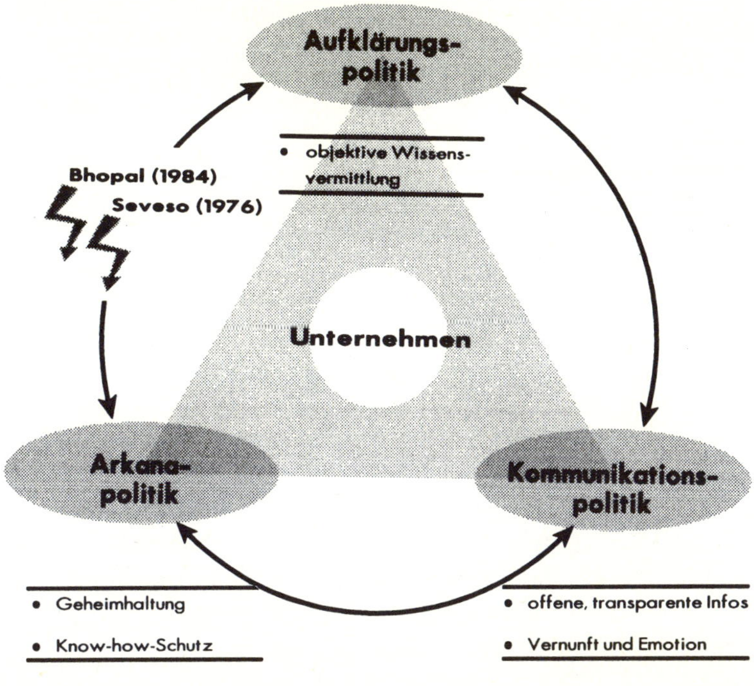

Es bleibt also gar nichts anderes übrig, als wirkliche Risikokommunikationspolitik zu betreiben, d. h. sich auf den mühsamen Prozeß des "sozialen Aushandelns" von Risiken einzulassen. Dennoch, die drei konkret abgelaufenen Phasen der Kommunikationspolitik signalisieren drei wesentliche Fragen:

- Was muß ich als Unternehmen über gewisse Risiken mitteilen bzw. wieviel sollte ich in der Öffentlichkeit kundtun?
- Wieviel Aufklärungsarbeit, d. h. sachliche Information leiste ich, wieviel Sachwissen ist für ein Grundverständnis nötig und wie mache ich diese Sachinformation verständlich?
- Trete ich mit der interessierten bzw. betroffenen Öffentlichkeit in eine faire Risikokommunikation ein?

Unter fairer Risikokommunikation wird ja nicht eine Werbe- bzw. Imagekampagne oder die diversen Überredungstechniken verstanden, sondern der mühsame Prozeß des wechselseitigen Aushandelns von Risiken.

Arkanapolitik

Es ist klar, daß sich eine strikte Arkanapolitik, die gleichsam einer Kommunikationsverweigerung gleichkommt, schon aus juristischen Gründen nicht mehr durchsetzen läßt. So ist der Betreiber - wie es so erfrischend amtlich formuliert heißt - "von der Störfall-Verordnung unterliegenden Anlagen verpflichtet, die Öffentlichkeit über Gefahren, die von diesen Anlagen ausgehen können, über getroffene Sicherheitsmaßnahmen und über Verhaltensregeln für mögliche Störfälle zu informieren".[7] Der Betreiber gewisser Anlagen ist also schon längst "juristisch" kommunikativ reglementiert. Natürlich bleibt noch ein Spielraum des Schweigens, der jedoch verantwortungsvoll genutzt werden sollte.

---

[7] Zitiert aus der Drucksache 110/95 des Bundesrats vom 17.02.1995, S. 2.

Aufklärungpolitik

Was die Aufklärungspolitik anbelangt, so ist es legitim, den Nutzen der Produkte von Anlagen hervorzuheben. Dennoch sollten gerade bei neuen Technologien möglichst nachvollziehbare und realisierbare Vorteile und nicht ein Ballon von Versprechungen angeboten werden, der dann im Laufe der Zeit wie eine Seifenblase zerplatzt. Wem noch die euphorischen Versprechungen zu Beginn der Ära der synthetischen Vitaminherstellung, der friedlichen Nutzung der Atomkraft, der segensreichen Auswirkung medizinischer Bestrahlung, im Ohr hallen, der steht natürlich der angeblichen Omnipotenz gentechnologischer Produkte mit Skepsis gegenüber. Anders ausgedrückt: weniger oder Solideres wäre hier mitunter mehr.

Risiken: ein sozialer Aushandlungsprozeß

Was aber heißt nun: "Risiken sozial auszuhandeln?" Mitunter ist es von Vorteil, die Frage zwar fest im Auge zu behalten, sich ihr aber auf Umwegen zu nähern. Es ist Mode geworden, Risiko als ein soziales Konstrukt zu definieren. Natürlich hat jedes Risiko seinen sachlichen Kern. Das sind Dispositionen, sprich Eigenschaften von Stoffen bzw. Anlagen wie brennbar, explosiv, mutagen, teratogen, karzinogen, hohe Drücke, hohe Hitze- und Strahlenentwicklung etc. Dennoch, erst durch den Bezug auf Werte, z. B. auf die Werte Leben und Gesundheit, reine Luft, werden potentielle Gefahren zu einem Risiko.

2.2. Der Metamorphosezyklus: von der Gefahr zum Risiko

Betrachten wir die Metamorphose, die Umwandlung einer Gefahr in ein sozial-akzeptiertes Risiko. Normalerweise gehen wir mit gewissen Stoffen, etwa Asbest, um, und es tauchen nach einer gewissen Zeitspanne "marginale" Probleme auf: etwa jene, daß ein Betriebsarzt bei Arbeitern in einer asbestverarbeitenden

Fabrik auszehrende Lungenerkrankungen oder französische Lebensversicherungsexperten erhöhte Mortalitätsraten feststellen. Es ist also eine Gefahr vorhanden, die Ursache jedoch nicht exakt zuordenbar. Nichts ist bewiesen. Natürlich wird dann das Thema wiederum - selbstredend zeitverzögert - von Eingeweihten diskutiert (z. B. Betriebsarzt, Geschäftsleitung, Lebensversicherer). Dann folgen häufig Expertentagungen oder das Einschalten von Fachgremien.

▶ Von der Gefahr zum Risiko / von der "Lösung" zur Gefahr

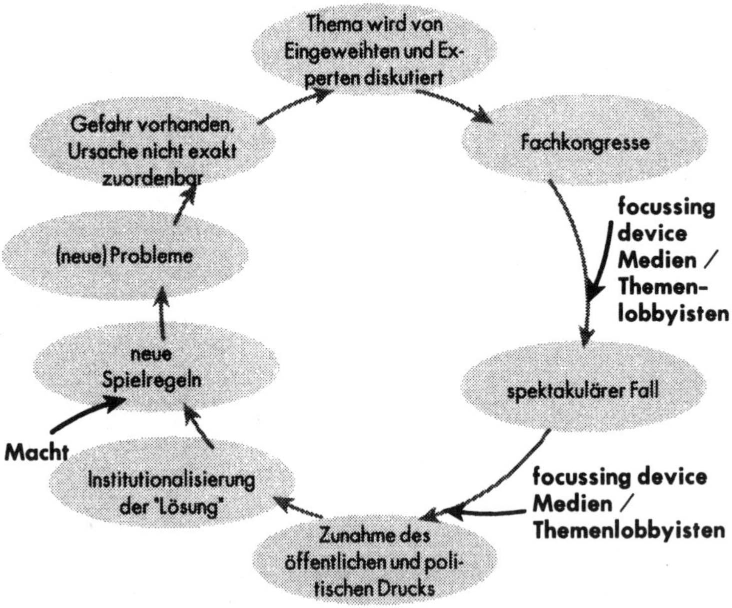

Wird das "Problem" nicht durch einen spektakulären Fall in die Öffentlichkeit geschwemmt, so ereignet sich spätestens an dieser Stelle des Metamorphosezyklus die eigentliche Umwandlung einer Gefahr in ein Risiko. Denn ab diesem Zeitpunkt treten die

Themenlobbyisten bzw. Themenunternehmer auf. Das sind nicht selten Experten, die das Thema öffentlichkeitsreif reden, Gruppierungen, die sich auf publikumswirksame Themen spezialisiert haben, etwa Greenpeace, Enthüllungsjournalisten, Bürgerinitiativen, aber auch Berufsverbände oder - ganz banal - neidhammelnde Konkurrenten, wie der Streit um die gesundheitlichen Qualitäten von Margarine und Butter oder Zucker und Süßstoff ausreichend belegt. Ob nun Dioxin, FCKW, Chlorchemie, Atomkraft, Gentechnik, Elektrosmog, Müllverbrennungsanlagen, Entsorgung von Ölplattformen, der Transport von Atommüll usw., usf., Themenlobbyisten befreien Gefahren aus ihrem Mauerblümchendasein. Sie stellen sie ins Licht der Öffentlichkeit, sie etablieren diese Gefahren im öffentlichen Bewußtsein.

Die Gefahr ist zum Risiko mutiert.[8] Risikokommunikation wird ab diesem Zeitpunkt zum reaktiven Zwang. Natürlich nimmt von diesem Zeitpunkt an der öffentliche und politische Druck zu. Nun werden angebliche oder tatsächliche Lösungen institutionalisiert, also Gesetze, Regelwerke, Vorschriften, Verbote, Gebote etabliert. Die Unternehmen haben es mit neuen sozialen und rechtlichen Spielregeln zu tun, der Status quo ist verändert, andere

---

8 N. Luhmann unterscheidet zwar auch Risiko und Gefahr, ordnet aber dem Begriff Risiko eine Entscheidung für dieses Risiko zu, während Gefahren gleichsam extern eintreten. N. Luhmann, Soziologie des Risikos, Berlin New York 1991, S. 30 f. Nun entstammt diese Differenzierung Luhmannscher Begriffsvernebelung und babylonischer Sprachverwirrungen. Würde man Luhmann ernstnehmen, so müßte man den Begriff "Elementarrisiken", der doch für Erdbeben, Stürme, Springfluten etc. steht, abschaffen. Oder glaubt Luhmann, daß Erdbeben auf Entscheidungen des Menschen zurückführbar sind? Nützlich und hilfreich dagegen die Differenzierung, die H. Nowotny vornimmt. "Von Gefahren ist man betroffen ...", "Risiken treten aus dem Schattenbereich der Gefahren heraus, sie werden durch gesellschaftliche Diskurse thematisiert und benennbar". A. Evers, H. Nowotny, Über den Umgang mit Unsicherheit, Frankfurt am Main 1987, S. 34 f. Von dieser Unterscheidung ist es nicht weit, Risiken als Gefahren zu bezeichnen, die im öffentlichen Bewußtsein verankert sind. Im übrigen bedeutet dann der Begriff Elementarrisiko, daß sich Naturkatastrophen als "Risiken" im öffentlichen Bewußtsein etabliert haben.

Sozialstrukturen, eine neue "Logic of Reluctance", eine Logik des gekonnten Widerstands haben sich etabliert. Die Machtverteilung in unserer Gesellschaft hat sich geändert. Und natürlich treten dann Folgeprobleme von "Problemlösungen" auf, z. B. die Schwermetallanreicherungen in den Filtern von Müllverbrennungsanlagen. Schließlich wandert der Suchscheinwerfer der Themenlobbyisten weiter, ein "frisches" Thema steht im grellen Licht der Öffentlichkeit, und ein neuer Metamorphosezyklus beginnt.

Die soziale Konstruktion von Risiko

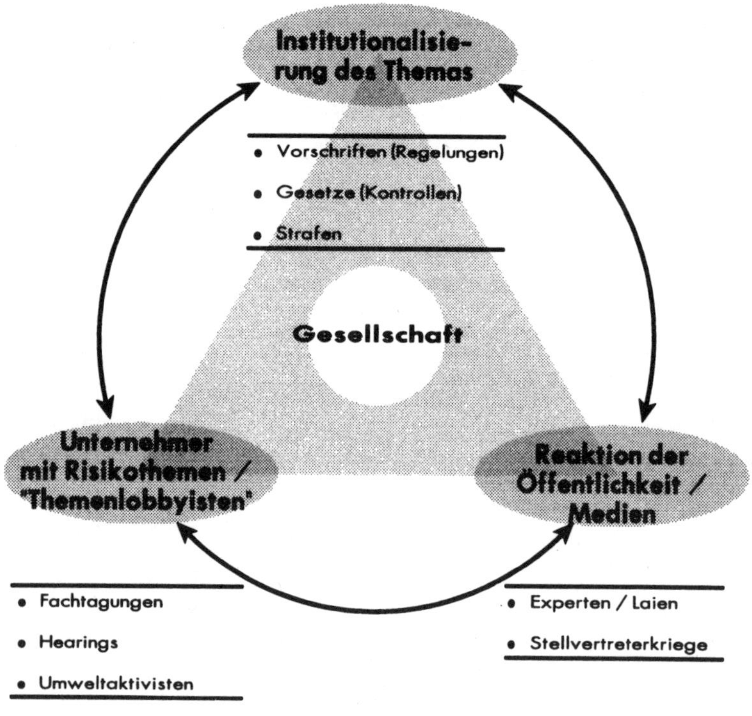

Welchen Wert hat nun dieser Metamorphosezyklus, der fast im Range eines sozialen Gesetzes steht, für die Risikokommunikation?

Risiko als soziale Tatsache

Erstens macht er klar, was es denn eigentlich bedeutet, wenn wir Risiko als ein "soziales" Konstrukt auffassen. Erst wenn Gefahren in das öffentliche Bewußtsein eintreten, wenn sie in diesem etabliert sind, sind sie Risiken, sind sie allgemein-akzeptierte soziale Tatsachen. Soziale Tatsachen ähneln physischen Gegenständen, auch sie leisten Widerstand bei Nichtbeachtung. Nur die Formen des Widerstandes bei Nichtbeachtung unterscheiden physische von sozialen Tatsachen. Wenn wir einen Laternenpfahl übersehen, holen wir uns eine blutige Beule. Wenn wir soziale Tatsachen übersehen, holen wir uns soziale Konflikte, Grenzwerte, Vorschriften und Gesetze, Aufsicht, Kontrolle, Strafen, Empörung, mediales Getöse und politische Agitation.

Neuverteilung der Spielregeln

◀

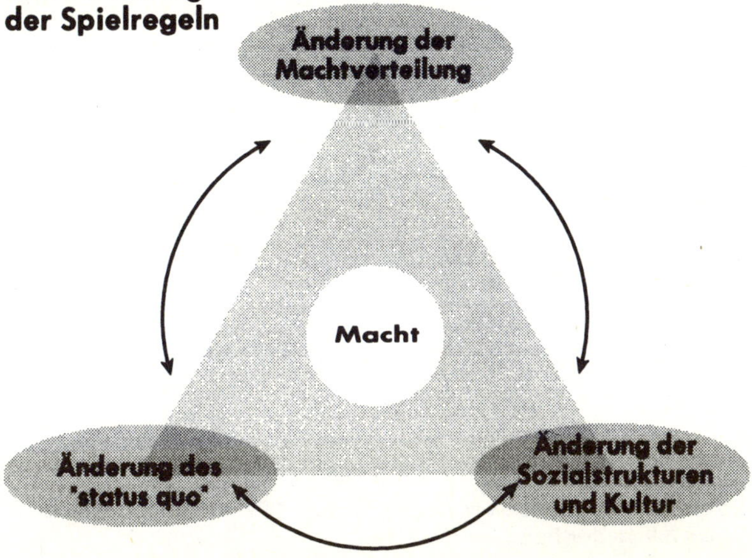

Der latente und manifeste Teil des Metamorphosezyklus

Der Zyklus besteht, zweitens, zum einen aus einer Phase der Latenz, des relativen Abgeschottetseins von der Öffentlichkeit - vom Problem bis zu den Fachkongressen; zum anderen aus einer Phase der Manifestation - vom spektakulären Fall und der Bemächtigung durch Themenlobbyisten bis hin zu den institutionalisierten Lösungen. Die Phase der Latenz kann von Unternehmen zur Aufklärungsarbeit, zu sachlicher Information bzw. zur fairen Bereinigung von Produkt- und Anlageproblemen genutzt werden. In der Phase der Manifestation, wo alle Scheinwerfer der Öffentlichkeit auf das betreffende Thema gerichtet sind, wird Risikokommunikation prinzipiell zu einem Gemenge aus Emotionen, Fundamentalismen, Lifestyle-Streitereien und Stellvertreterscharmützeln. Sachargumente werden rasch moralisiert und emotionalisiert.

Sensibilität für Themenlobbyisten

Besondere Aufmerksamkeit ist, drittens, gewissen Fachgremien, Fachkongressen und Hearings[9] zu widmen, da die Umwandlung einer Gefahr in ein öffentlich-wirksames Risiko meist unmittelbar bevor- und Konflikte ins Haus stehen. Zugleich ist es von großer kommunikativer Bedeutung zu wissen, wer für welche Gefahren der voraussichtliche Themenlobbyist und Themenscharfsteller sein wird. Dies zu erkennen, erfordert aber wiederum hohe Sensibilität für noch nicht öffentlich-gemachte, potentiell-publikumswirksame Themen, verlangt Fähigkeiten im Umgang mit sog. kritischen Wissenschaftlern, professionellen Gegenexperten, risikorelevanten Gruppierungen und den Medien. Jedenfalls dürfte hiermit in etwa klar sein, was "sozial" in der Definition von Risiko-

---

[9] Z. B. das "The World Uranium Hearing Salzburg 1992", das den Uranbergbau zu einem öffentlichen Thema erhob.

kommunikation (Risiko ist identisch mit einem "sozialen" Aushandlungsprozeß) eigentlich bedeutet.

Von der Gefahr zum Risiko ◀

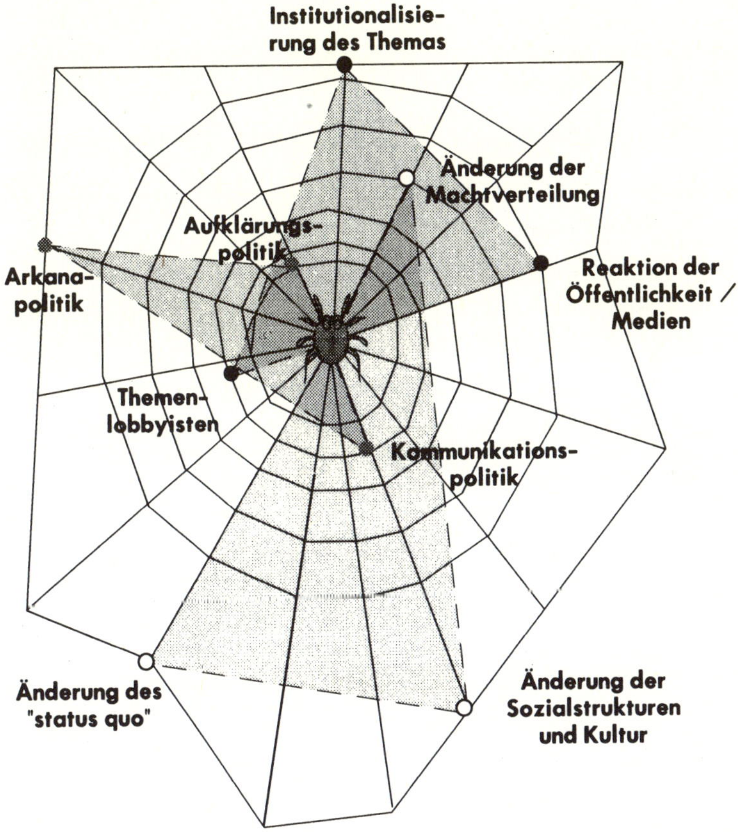

3. Was heißt: Risiken sind sozial "auszuhandeln"?

Die vier "risikorelevanten" Gruppierungen

Natürlich reden, was die Risiken betrifft, alle mit. Es existieren jedoch vier, für die Risikokommunikation bedeutsame Gruppierungen oder Systeme:

- die Unternehmen, personifiziert durch Manager und Techniker,
- die Bürokratie, personifiziert durch Verwaltungsjuristen, Vollzugsbeamte etc.,
- die Betroffenheitsaktivisten, also jene, die erst dann aktiv werden, wenn man ihnen die Crackanlage in den Hinterhof stellt,
- die Fundamentalisten, die aus weltanschaulichen Erwägungen heraus prinzipiell gewisse Technologien oder bestimmte Weisen zu wirtschaften ablehnen.

Quer dazu verlaufen die jeweiligen Experten- und Gegenexpertengruppierungen. Das Ganze wird dann begleitet von dem Getrommele der Medien, dem aufgeregten oder beschwichtigenden Geschnattere der Politiker, und im Hintergrund motzt die schweigende Mehrheit still vor sich hin. Diese "Ganzheit" ist das Gebräu, in dem Risikokommunikation real stattfindet.

All die genannten Gruppierungen besitzen ihre eigene Sprache, folgen ihrer eigenen System- bzw. Gruppenlogik, haben sich auf eine eigene Weltinterpretation versteift, weisen ihre je spezifischen Organisationsformen auf, benützen ihre spezifischen

Machtmittel, und daraus resultiert eine von der jeweiligen Kultur stark abhängige Risikosicht bzw. "Risikostil".[10]

Allianzen, Koalitionen, Gegnerschaften

Zugleich gibt es zwischen diesen Gruppierungen eine Unzahl von häufig latent gehaltenen Querverbindungen, wechselnden Allianzen und Koalitionen, offene und verdeckte Feindschaften bzw. Sympathien. Die Unternehmen sind schon kraft Gesetzes gezwungen, mit der Bürokratie zusammenzuarbeiten, aber die letztere unterstützt mitunter auch Fundamentalisten. Sonst technikfreundliche Betroffenheitsaktivisten verbrüdern sich mit Fundamentalisten. Aber es kommt auch vor, daß Unternehmer und Unternehmungen fundamentalistisch-orientierte Gruppierungen unterstützen. Jede dieser Gruppen hat überdies ihre Experten: das Establishment eben die Etablierten, die Herausforderer eben die Gegenexperten. Die eine Gruppe bezichtigt die andere als Pseudoexperten mit minderwissenschaftlicher Qualifikation, ihnen fehle die Reputation und überdies würden sie eine abstruse Außenseiterposition vertreten. Dem Expertenestablishment wird dann Interessenabhängigkeit, fehlende Neutralität und Blindheit für globalere Zusammenhänge vorgehalten. Dieser kurze Ausflug ins risikokommunikative Spektakel führt uns zu wichtigen kommunikativen Fragen:

- Ist die Sprache, mit der ich kommunizieren will, für die anderen Gruppierungen überhaupt verständlich, oder wirkt sie - obgleich sachlich korrekt - als Provokation?

  Wege zum wechselseitigen Verstehen: die Sprache

  Ein Werksleiter bezeichnet nach einem schweren Störfall die ausgetretene Substanz - sich auf die Gefahrenstoffverordnung

---

[10] "Risikostil" wird hier als zusammenfassender Begriff für die jeweilige gruppenspezifische "Risikoideologie" benützt.

und das geltende DIN-Sicherheitsblatt berufend - als "mindergiftig". Für den betroffenen Laien ist der Ausdruck "mindergiftig" sowieso eine abenteuerliche Konstruktion. Wenn jedoch "mindergiftig" praktisch gleichzeitig von (Gegen)Experten mit Krebsverdacht belegt wird, klingt "mindergiftig" wie eine Verhöhnung. Das Vertrauen in diese Art von Sachinformation ist vollends beseitigt. Und selbst das Expertengespräch, das ja für die Öffentlichkeit fachlich verläßliche Informationen produzieren sollte, teilt schließlich wenig kommunikativ mit, daß "für die betroffene Bevölkerung selbst unter Worst-Case-Betrachtungen ein erkennbar erhöhtes Krebsrisiko nicht zu erwarten ist".[11] Wer aber weiß, was denn eigentlich "Worst-Case-Betrachtung" bedeutet?

Fehler: die Fachsprachenübertragung

Damit wird ein Fehler bei der Risikokommunikation deutlich: die Fachsprachenübertragung. Manager bzw. Techniker, aber auch Vertreter der Bürokratie, benutzen für die Kommunikation mit Betroffenen und Interessenten häufig eine Sprache und Argumente, die im Unternehmen oder unter Spezialisten oder in der Bürokratie sehr erfolgreich sind. Manager, Techniker und Vertreter der Bürokratie sind jedoch weitgehend unqualifiziert, wenn sie mit anderen Sprachwelten und -ebenen konfrontiert werden, z. B. wenn eine Debatte oder Diskussion einer mehr emotionalen Sprache und Logik folgt.

- Welcher "Logik" folgen die einzelnen risikorelevanten Gruppierungen bzw. Systeme?

Die Systemlogik

Ohne Zweifel orientiert sich ein Unternehmen an der Logik der

---

[11] Vgl. L. Schönefeld, Hoechst im Dialog: Ein Jahr nach Griesheim ..., Wie Hoechst die Bevölkerung, die Medien und die Mitarbeiter informierte, Frankfurt a. M. 1994, S. 21.

Kalkulation und des Technisch-Machbaren. Techniken werden eingesetzt, Standorte ausgewählt, Anlagen gebaut, Produkte auf den Markt geworfen, wenn das Ganze sich rechnet, wenn Bedarf vorhanden ist oder sich im ausreichenden Maß wecken läßt. Im Zentrum dieser Systemlogik stehen nun einmal keine rein sozialen bzw. ökologischen Erwägungen. Es liegt daher nahe, über Fakten, Daten, Analysen, Modelle, die der ökonomischen Logik entstammen, zu kommunizieren. Und hier lauert der zweite große Fehler bei der Risikokommunikation, nämlich der von Managern häufig "gepflegte" Diskussionsausschluß.

Fehler: der Diskussionsausschluß

Wird nämlich eine Auseinandersetzung auf "technische oder ökonomische" Daten reduziert, so beschränkt sich die kommunikative Teilnahme auf wenige. Die Betroffenen reagieren auf diese "Zumutung" mit Aggressivität. Der Fehler wird vor allem von Fundamentalisten aber auch anderen Gruppierungen mit der blitzartigen Moralisierung und Emotionalisierung von Sachaussagen beantwortet. Dieser "Konter" ist übrigens ein exzellentes Beispiel, daß Fundamentalisten einer stark wertorientierten, emotionalen Logik folgen, oder Betroffenheitsaktivisten ihre Interessen ausgesprochen nahsphärenorientiert ausrichten. Das von einer Chemiebrühe verschmierte Auto, ein eventueller Wertverlust durch Lackschäden, vielleicht noch beeinträchtigte Gesundheit, das waren und sind hauptsächlich die Sorgen bei einem Störfall. Wie rasch Diskussionsausschluß emotionalisiert und Sachaussagen moralisiert werden, und wie die Kommunikationsdynamik real abläuft, zeigt folgender Vorfall:[12]

---

[12] Die Zahlen und Darstellung sind dem Beitrag E. Noelle-Neumann, J. Hansen, Technikakzeptanz in drei Jahrzehnten - in der Bevölkerung und in den Medien, in: K. Krüger, S. Ruß-Mohl (Hrsg.), Risikokommunikation, Technikakzeptanz, Medien und Kommunikationsrisiken, Berlin 1991, S. 91 - 108 (S. 105) entnommen.

Einige Experten streiten darüber, wie sicher eigentlich unsere Chemiefabriken seien und welche Vorkehrungen für Unglücksfälle getroffen sind. Plötzlich springt ein Zuhörer auf und ruft etwas in den Saal:

▶ Die Entrüstung

Das Ergebnis

◀

(Erwachsene Bevölkerung
Nov./ Dez. 1986)

Dieser Zuhörer	
• hat recht	76
• hat nicht recht	13
Unentschieden	11

Offenheit für die Sprache und Systemzwänge
der anderen Gruppierung

Die Sprache so zu wählen, daß der andere überhaupt die Chance besitzt, mich zu verstehen, gilt selbstredend auch für den "Anderen". Die richtige Sprachwahl ist also ein Schritt zur fairen Kommunikation. Dies gilt für jede an der Kommunikation beteiligte Gruppierung. Nicht alles auf seine eigene Systemlogik zu reduzieren, etwa alles auf Machbarkeit und Ökonomie (Besitzindividualisten), auf privatistische Interessen (Betroffenheitsaktivisten), auf formal-juristische Regeln und Verfahren (Bürokraten), auf unerschütterliche Wertpositionen und einzig wahre Weltsichten (Fundamentalisten), ist die zweite Grundregel der Kommunikation, die auf wechselseitiges Verstehen zielt. Keine Gruppe kann ohne Funktions-, Gesichts- und Identitätsverlust ihre Sprache und ihre Logik völlig aufgeben. Die Grundsprache unserer Unternehmen ist eben management- und fachorientiert, diese Systemlogik erzwingt Kalkulation und technisches bzw. dienstleistungsorientiertes Know-how. Kommunikative Offenheit kann also nur bedeuten, die Sprache der jeweils anderen Gruppierung "bedingt" zu sprechen, für diese offen zu sein, die Systemzwänge der anderen Gruppierungen bedingt zu kennen und anzuerkennen.

- Welche Weltsicht steht hinter den jeweiligen Äußerungen und dem jeweiligen Tun bzw. Unterlassen der risikorelevanten Gruppierungen?

Die Weltsicht

Eingangs wurde betont, daß hinter Unternehmertum, aber auch hinter Wissenschaft und Technik, eine Wagnis- und Grenzüberschreitungskultur steht. Eine Kultur, die Gelingen feiert, ein Pragmatismus für den Erfolg zugleich Wahrheit bedeutet. Operationalisierung, Quantifizierung, kalkulatorische Rationalität, eine weitestgehend entmythifizierte, also "entzauberte" Natur, das sind wesentliche Merkmale unseres Fortschrittsoptimismus. Dem stehen nahezu traditionell Technikskeptizismus und Wissenschaftskritik[13] sowie eine "Bewahrungs-, Deutungs- und Einfügungskultur" der Fundamentalisten entgegen. Die Natur wird häufig animistisch, d. h. mit Geist belebt, interpretiert. Sie gilt es zu bewahren. Der Mensch hat sich in die Zyklen der Natur einzufügen. Die Natur ist ein System voller Symbole, die der Erfahrene auslegen und deuten kann. Sie gleicht einem Buch, in dem der Kundige Verhaltensregeln und Ratschläge findet. Sie ist Vorbild für unser Handeln, beispielgebend für unser Leben.

Natürlich prallen hier Weltinterpretationen aufeinander. Auf der einen Seite die nüchterne Welt der Kalkulatoren, die sachliche der Techniker, die abstrakte der Wissenschaftler, auf der anderen Seite, die Trauer über den Verlust der verzauberten

---

[13] Einen guten Überblick über die traditionellen wissenschafts- und technikfeindlichen Strömungen gibt J. Passmore, Science and ist Critics, London 1978.

Natur. "Auch den Engeln wird die Wissenschaft bald die Flügel stutzen, und alle Mysterien in Formen und Regeln pressen", schrieb John Keats[14] vor mehr als eineinhalb Jahrhunderten. Er drückte damit ein Gefühl aus, das wohl so manchem "Ökologismus" zugrundeliegt. Zwischen solchen Welten eine kommunikative Brücke zu finden, ist erst möglich, wenn beide Seiten versuchen, einen Schritt in das Reich des anderen zu wagen.

- Welche Organisationsform besitzt der jeweilige kommunikative "Partner" und welche Machtmittel kann er im Konfliktfall mobilisieren?

Die Organisationsform

Unternehmen, ebenso Bürokratien, verfügen über eine relativ starre und formale Organisationsform. Festgeschriebene Eintritts- und Austrittsregeln, hierarchische Strukturen, Machtsymbole - wie eigener Fahrer - kennzeichnen diese Systeme. Trotz kooperativem Führungsstil herrscht real ein "Führungs-Nachfolgeverhältnis". Anordnungen werden von oben nach unten durchgesetzt, Sanktionen folgen bei Nichtbeachtung. Betroffenheitsaktivisten und Fundamentalisten haben meist eine äußert lockere Organisation. Den Hierarchien von Unternehmen und Bürokratien stehen somit egalitäre, mehr auf Spontanität ausgerichtete, sehr offen und flexibel organisierte Gruppierungen entgegen.

Reputation, also Ansehen und Anerkennung, ebenso hohe Machtbefugnisse und Autorität sind bei Unternehmen fast ausschließlich an die oberen Ränge der Hierarchie gebunden. Aus dieser Machtstellung heraus, die für Vorstände und Direktoren eine Selbstverständlichkeit ist, folgt ein weiterer häufiger

---

[14] J. Keats, Lamia II, 1820.

Fehler der Risikokommunikation: die Reputations- und Autoritätsübertragung.

Fehler: Reputations- und Autoritätsübertragung

Manager glauben häufig, die Reputation und Autorität, die sie in Unternehmen genießen, auch auf andere risikorelevante Gruppierungen übertragen zu können. Sie sind völlig überrascht und zutiefst beleidigt, wenn dies nicht gelingt, und beschweren sich über das "despektierliche" Verhalten anderer Konfliktgruppen. Plakativ ausgedrückt: von Betroffenheitsaktivisten und Fundamentalisten kann man nicht das gleiche kommunikative Verhalten erwarten - etwa vorauseilenden Gehorsam - wie vom eigenen Chauffeur oder Untergebenen.

Risikokommunikation ist nicht herrschaftsfrei

Natürlich ist Kommunikation - obgleich von Theoretikern gewünscht und als Idealfall hochstilisiert - nie herrschaftsfrei.[15] Fast jede Risikokommunikation ist begleitet von möglichem Machteinsatz der kommunizierenden Gruppierungen. Wenn Unternehmen Imagefeldzüge initiieren, Informations- und Aufklärungskampagnen starten, Drohungen aussprechen (das

---

[15] Es war J. Habermas, der die Bedingungen für eine "herrschaftsfreie Diskussion" und eine "ideale Sprechsituation" festlegte, vgl. dazu: Vorbereitende Bemerkungen zu einer Theorie der kommunikativen Kompetenz, in: J. Habermas, N. Luhmann, Theorie der Gesellschaft oder Sozialtechnologie, Frankfurt a. M. 1971, S. 101 - 141 (S. 136 ff.). Weniger akademisch und terminologisch aufgebläht, F. Kambartel, Theorie und Begründung, Frankfurt a. M. 1976. Nach ihm ist ein Dialog rational, wenn dieser "unvoreingenommen, zwanglos und nicht persuasiv ist" (a.a.O., S. 57). Aber das alles nützt in der Praxis sehr wenig. Die Kunst der "realen" Kommunikation besteht doch darin, mit Voreingenommenheiten, mit Zwängen und Überredungstechniken gekonnt umzugehen, um einen vernünftigen Kompromiß zu erreichen. Es ist aufschlußreich, daß die akademischen Kommunikationstheoretiker all jene Probleme, die eben Kommunikation ausmachen, über Konstruktionen und Festlegungen hinwegfegen. Daher halte ich auch wenig vom "Risiko-Dialog", da dieser Fairness und Herrschaftsfreiheit suggeriert, wo doch wechselseitiges Aushandeln von Interessen dominiert.

berühmt-berüchtigte Arbeitsplatzargument) oder Lobbyisten und Gerichte bemühen, kontert die Gegenseite mit Kampagnen moralischer Entrüstung, mit Appellen an Gerechtigkeit, signal- und symbolträchtigen Aktionen, mit passivem und zuweilen auch aktivem Widerstand.

Offenheit und Kompromißbereitschaft

Aus diesem Gemenge, bestehend aus gruppenspezifischen Sprachen, eigenen Systemlogiken, spezifischen Weltsichten, den jeweiligen Organisationsformen der diversen Gruppierungen, der zur Verfügung stehenden Macht, resultiert eine eigene systemspezifische Risikosicht und ein gruppenspezifischer, die Kommunikation betreffender "Risikostil". Kommunikatives Aushandeln ist daher ein mühevoller konfliktbeladener Prozeß, der Kompromißbereitschaft aller Gruppierungen erfordert und überhaupt nur dann erfolgreich sein kann, wenn Offenheit für die Eigenarten der jeweils anderen Welt herrscht.

Risikorelevante Gruppierungen und Wege zum wechselseitigen Verstehen

risikorelevante Gruppierungen / Wege zum Verstehen	Besitz-individualisten	Bürokraten	Betroffenheits-aktivisten	Fundamen-talisten
Sprache	sach- und management-orientiert	Beamtendeutsch	aufgeklärte Umgangssprache	In-group-Terminologie (Slang)
Systemlogik	kalkulatorisch-technokratisch	verwaltungs-technisch	privatistisch	partiell-fanatisch
Weltsicht	Wagnis- und Grenzüber-schreitungskultur	Welt als formales bzw. kasuistisches Regelwerk	Ich-zentrierte Kultur	Bewährungs- und Einordnungskultur
Organisa-tionsform	hierarchisch	hierarchisch	lockere Interessenten-gruppierungen	egalitär selten hierarchisch
Machtmittel	Werbe-, PR-Kam-pagnen, Rechts-mittel, Lobbyisten	Gesetze, Gebote, Verbote, Strafen	pers. Beziehungen Bürgerinitiativen Verwaltungsgericht	Moralkampagnen Boykott Demonstrationen
Risikostil	kalkulatorisch-objektivierend	regel- und gesetzes-zentriert	nahsphären-orientiert	emotiv-moralisierend

4. Gruppenegoismus, Gruppenreduktionismus und Risikokommunikation

Wie weit reicht die eigene Sichtweise,
wie weit die eigenen Lösungsformeln?

Folgende Einsicht macht Risikokommunikation überhaupt erst möglich: auch die andere Gruppierung besitzt berechtigt Interessen, auch die eigene Auffassung wird im Lichte anderer Weltsichten relativiert. Wer Risiken auf rein "objektiv-sachliche Daten" reduziert, ist genauso blind wie jene, die es ausschließlich über eine ökologische, privatistische oder verwaltungstechnische Sichtweise interpretieren. Die Überraschung war bei Technikern groß, als weite Bevölkerungskreise - trotz imposanter Negativpotenzen und exzellenter Risikostudien - die Atomkraftwerke nicht akzeptierten. Jede der oben genannten Gruppierungen neigt zwar dazu, ihre Gruppenlogik und Risikosicht als die allein gültige aufzufassen, alles auf diese Logik zu reduzieren. Dennoch, wer nicht bedingt offen ist für andere Aspekte und andere Egoismen, andere Sichtweisen und Weltbilder, ist schlichtweg kommunikationsunfähig.

Daraus ergibt sich im Konfliktfall, der häufig identisch ist mit einem Störfall, folgende bedeutsame Frage:

Sind die unternehmenseigenen Lösungsmechanismen angemessen? Ist überhaupt die unternehmensspezifische Sichtweise noch korrekt oder hat sich das Problem schon auf eine andere Ebene verschoben?

Die Babynahrungsdiskussion

Hierzu ein Beispiel: Ende der sechziger Jahre begann die berühmt-berüchtigte Babynahrungsdiskussion. Dem Nahrungsmittelkonzern

Nestlé[16] wurde vorgeworfen, durch seine Muttermilchersatzprodukte und eine aufwendige, aggressive Marketingstrategie die Säuglingssterblichkeit in den Ländern der Dritten Welt zu erhöhen. Hinter diesem, auch von Kreisen der Fachwelt unterstützten Vorwurf, steht die "Tatsache", daß Muttermilch die Abwehrkräfte des Kindes steigert, und daß das zum Anrühren benutzte Wasser in diesen Ländern meistens hygienisch sehr bedenklich ist. Der Einsatz von Muttermilchsubstituten sei in Ländern der Dritten Welt finanziell eine Ausbeutung, aus immunologischer Sicht ein halbes Todesurteil, aus hygienischer Sicht eine Katastrophe, so Gegner solcher Marketingpraktiken. Der Störfall war eingetreten.

Nestlé reagierte gemäß seiner Systemlogik und seiner Ressourcen: Gerichte wurden bemüht, auf die eigene Fachkompetenz, auf das eigene Fachwissen gepocht. Es wurde also versucht, seinen Gruppenegosimus durchzusetzen, etwa über die offensive globale Vermarktungsstrategie, und das Sachproblem wurde auf "hauseigene" wissenschaftliche Kompetenz reduziert. Als der Konflikt eintrat, bediente man sich der systemeigenen Lösungsmechanismen: die Justiz wurde mobilisert (Rechtsabteilung) und eine geänderte Marketingstrategie forciert. Überdies präsentierte Nestlé dem Hauptgegner in den USA, nämlich INFACT[17], den in solchen Fällen üblichen Vorwurfskatalog: INFACT habe eine sachunkundige Hetzkampagne gestartet. Sowohl die politische Haltung als auch die Motive von INFACT seien zutiefst suspekt. Diese Unterminierungsstrategien, die den Ruf anderer Gruppierungen ruinieren sollen, erscheinen nahezu gesetzmäßig auf der kommunikativen Szene und werden von allen risikorelevanten Gruppierungen eingesetzt. INFACT konterte daher damit, Nestlé

---

[16] Vgl. G. Fookes, Issues Management. Konkret: Die Kontroverse um die Säuglingsnahrung, in: Das Management der Umweltbeziehungen, gdi-Schriften 43, Gottlieb Duttweiler-Institut, Rüschlikon 1985, S. 103 - 109.

[17] INFACT wurde 1977 gegründet und steht für Infant Formula Action Coalition.

sei nichts anderes als ein geldgieriger Multi, dem Profit wichtiger ist als das Leben von Kindern. Zugleich wurde zum Boykott aller Nestléprodukte aufgerufen.

Der Störfall ließ sich also nicht mehr mit dem hauseigenen Instrumentarium lösen. Die Sichtweise der Manager hatte sich als zu eng herausgestellt. Längst war der Babynahrungsskandal ein Politikum, ein moralisches Problem, ein Symbol für Imperialismus und Ausbeutung der Dritten Welt. Ideologien, ethische Auffassungen und Weltbilder überschatteten jegliche Sachargumenation. Schuldzuschreibungen und Gesinnungsfragen triumphierten.

Nach jahrelangen Konfrontationen mit INFACT, nach jahrelangen Kompromißversuchen wurde schließlich Konsens gefunden. 1984 verkündete die Unternehmensleitung und die Boykottführung in einer Pressekonferenz in Washington das Ende des Boykotts und des Konflikts. Diese Konsensfindung war jedoch überhaupt erst möglich, als Nestlé erkannte und anerkannte, daß das Babynahrungsproblem kein reines Problem der korrekten Marketingstrategie war, daß die Reduktion des Risikos auf die eigene, hausinterne Risikosicht[18] von der sozialen Umwelt weitestgehend nicht akzeptiert wurde, daß dieser Tatbestand als "soziale Tatsache" hinzunehmen ist. Es mußte mühsam eingesehen werden, daß der eigene ökonomisch-ausgerichtete Gruppenegoismus, ebenso die Reduktion des Problems auf die eigene Systemlogik, trotz Einsatz von Gerichten, PR-Kampagnen, Unterminierungstrategien, nicht vollends durchsetzbar ist. Es mußte akzeptiert werden, daß das Babynahrungsproblem zu einem Politikum angeschwollen war und höchste ethische Brisanz entwickelte.

---

[18] Hier gilt die Regel: jede risikorelevante Gruppierung benützt ihre "eigene" Risikodefinition.

Die drei Dimensionen der Risikokommunikation:
Sachlich-korrekt? Zumutbar? Gut oder böse?

Dieses Beispiel zeigt ebenfalls, daß nahezu jeder Störfall unter drei Aspekten behandelt wird, nämlich als Sach-, als Ermessens- und als Fundamentalkonflikt. Die politische und sozialethische Brisanz folgt dieser Reihe. Nestlé berief sich auf seine Sachkompetenz, warf der Gegenseite Sachunkundigkeit vor. Aber längst hatte der Störfall die Ebene des Sachkonflikts verlassen und sich in einen politischen, sozialen und moralischen Konflikt verwandelt. Längst ging es auch nicht mehr um eine Marketingstrategie, sondern um einen Verhaltenskodex für die Hersteller von Muttermilchersatzprodukten und um den fairen, sprich ethisch-einwandfreien Umgang mit den Ländern der Dritten Welt. Gerade weil die Sachdimension häufig nicht eindeutig zu klären ist, und weil sie eben nur "eine" ist unter anderen Dimensionen, gerade weil divergierende Weltanschauungen aufeinanderprallen, geht es häufig nicht einmal mehr um die Ermessensfrage: Ist eine solche Marketingstrategie den Ländern der Dritten Welt zumutbar oder nicht?, sondern mehr um die stark emotiv- und ethisch-ausgerichtete Frage: Ist das Handeln von Nestlé gut oder böse? Der Sachkonflikt hat sich in einen Wert- und Fundamentalkonflikt verwandelt.

Bedeutsam für jedes kommunikative Aushandeln bleibt daher das Gesetz: Sachkonflikte verwandeln sich in der Praxis prinzipiell in Ermessenskonflikte, also in Fragen der Zumutbarkeit. Kann an dieser Stelle der Bargaining, also der Aushandlungsprozeß, nicht befriedigend gelöst werden, fehlt es den Gruppierungen an Weitblick, Offenheit und Kompromißbereitschaft, dann eskaliert der Konflikt zu glaubensähnlichen, harten Auseinandersetzungen, also zu einem äußert brisanten Fundamentalkonflikt. Ist dieses Stadium erreicht, ist ein Zurück zu sachlich vernünftigen Lösungen häufig nicht mehr möglich. Die Auseinandersetzung spielt sich auf der Ebene eines Paradigmenkrieges ab: unsere merkantil-, technisch-, wissenschaftlich-ausgerichtete "Grenzüberschreitungskultur", die für den Westen so erfolgreich war, wird in Frage gestellt.

◄

Konfliktarten und wachsende politische Brisanz

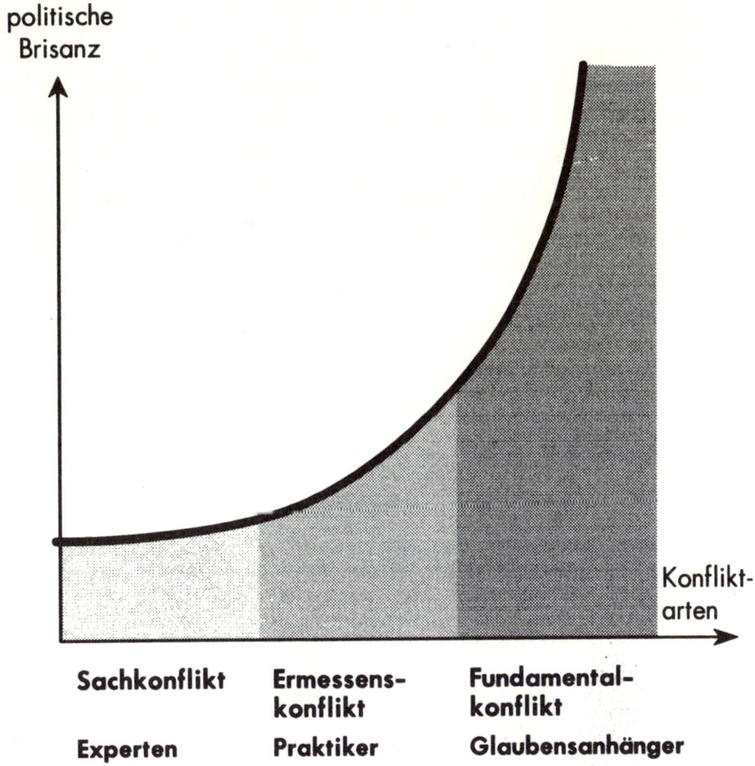

5. Zusammenfassung

- Risikokommunikation spielt sich in einem Rahmen ab, der aus einem quasi "seinsmäßig-vorgegebenen" Gefühl der Unsicherheit und Ungewißheit und dem Wunsche nach Sicherheit besteht. Diese Unsicherheit und Ungesichertheit wird überdies von unserer merkantil-, technisch-, wissenschaftlich-ausgerichteten Grenzüberschreitungskultur systematisch erzeugt und über deren Errungenschaften systematisch gemildert. Der mit dieser Wagniskultur verbundene Fortschrittsoptimismus, der Zauber permanenter Innovationen scheint jedoch zu verblassen. Menschliche Wesenszüge, nämlich die "insecuritas humana", und eine paradigmatisch-bedingte Weltsicht, unsere "Grenzüberschreitungskultur", bestimmen daher direkt und indirekt jede Risikokommunikation.

- Drei wesentliche Fragen haben sich Unternehmen immer wieder zu stellen: Wieviel Öffentlichkeit und Offenheit in bezug auf Risiken ist nötig und opportun? Wieviel Aufklärung und Sachinformation sind notwendig? Über welchen Kommunikationsstil handle ich Risiken sozial aus?

- Der Metamorphosezyklus, der den Weg von der noch nicht im öffentlichen Bewußtsein verankerten Gefahr hin zum Risiko zeigt, verweist auf drei wesentliche Einsichten: Risiken sind, erstens, soziale Tatsachen und als solche kommunikativ zu akzeptieren. Die Ära der reinen Sachlichkeit reicht, zweitens, meist nur bis zu jenem Zeitpunkt, wo Gefahren durch Themenlobbyisten zu öffentlich-akzeptierten Risiken mutiert sind. In dieser Phase der Latenz können Unternehmen - falls die nötige Ein- und Weitsicht vorhanden ist - primär sachorientierte Korrekturen an risikobehafteten Problemen vornehmen. Ist die Gefahr als Risiko erst einmal im öffentlichen Bewußtsein verankert, so verwandelt sich Risikokommunikation in ein Gemenge aus Sach-, Ermessens- und Wertfragen, einem Gemisch aus Emotionen, Fundamentalismen, Legitimationskriegen und sachlicher Rationalität. Unternehmen müßten, drittens, mehr Sensibilität für brisante Themen entwickeln, Kontakte zu Themenlobbyisten herstellen und pflegen, ein "Social Issue Management"[19] etablieren und pflegen.

- Die vier "risikorelevanten" Gruppierungen, nämlich Besitzindividualisten, Bürokraten, Betroffenheitsaktivisten und Fundamentalisten, besitzen alle eine gruppenspezifische Sprache, eine eigene Systemlogik und Weltsicht, eine spezielle Organisationsform, besondere Machtmittel, aus welchen dann der je eigene "Risikostil" entspringt. Ein kommunikativer Aushandlungsprozeß ist nur dann gehbar, wenn ich offen bin für die Sprache des anderen, seine Systemlogik in etwa kenne, wenn ich mich vertraut mache mit der Weltsicht des anderen, sein organisatorisches Verhalten abschätzen kann, über die Machtressourcen der anderen Gruppe Bescheid weiß. Offenheit und Kompromißbereitschaft sind Bedingungen, ohne die der mühsame kommunikative Bargaining-Prozeß nicht läuft. Besonders zu beachten sind die von Managern häufig begangenen Kommunikationsfehler, nämlich Fachsprachenübertragung, Diskussionsausschluß und Reputations- und Autoritätsübertragung.

- Jede risikorelevante Gruppierung - auch die Unternehmen - versucht, ihre Gruppenegoismen durchzusetzen und die Probleme über die hausinternen Reduktionsmechanismen, z. B. über Image- und Werbekampagnen, über das Anrufen von Gerichten etc. zu lösen. Risikokommunikation, aufgefaßt als ein Prozeß des sozialen Aushandelns, ist also auch ein Weg hin zum sozialen Ausgleich und zur Gerechtigkeit, und damit ein Schritt weg von der systemeigenen Blindheit.

---

[19] Vgl. R. L. Heath (Hrsg.), Strategic Issues Management, San Francisco, London 1988.

Der Störfall: ein Medienspektakel?

Beitrag von Dr. Gerhard Fuchs, Chefredakteur Fernsehen des
Bayerischen Rundfunks, München

1. Einführung

"Der Störfall - ein Medienspektakel?" Anfang 1995 hätte ich diese Frage noch mit einer Definition über den Nachrichtenwert, über das Informationsinteresse der Allgemeinheit beantwortet. Nach der rundfunkpolitischen Debatte zu Beginn des Jahres denke ich bei den beiden Worten "Störfall" und "Medienspektakel" jedoch unwillkürlich auch an die Auseinandersetzung über unseren öffentlich-rechtlichen Rundfunk. Aus der Sicht einer reibungslosen Unternehmenstätigkeit war die Debatte über die Zukunft der ARD ein Störfall erster Güte für uns Programmverantwortliche wie für die Mitarbeiter insgesamt. Die angedrohte Abschaffung des nationalen Vollprogramms hätte den Kern unseres Selbstverständnisses zerstört und ein wichtiges, für uns image- und marktprägendes Unternehmensziel hinweggefegt.

Nun gibt es eine ganze Reihe von Unterschieden zwischen dieser von uns als Störfall empfundenen Diskussion um die richtige Zukunft der ARD und einem Störfall, der in erster Linie quantifizierbare Sachschäden zur Folge hat. Schädlich sind für ein Unternehmen aber beide Störfall-Varianten gleichermaßen.

2. Der Störfall als Öffentlichkeitsproblem

Was zeichnet einen Störfall im konkreten aus? Ist es eine Katastrophe, ein kleines, ein großes Unglück, ein Zwischenfall? Kaum war der GAU als vermeintlich schlimmster Störfall eingeführt, geisterte schon der Super-GAU durch die Medienlandschaft. Für

Störfälle gibt es keine nach oben offene Richterskala, keinen internationalen Bewertungsschlüssel und erst recht keinen Kodex im Presserecht. "News is, what's different", heißt die alte Medienregel - und da kann ein Störfall auch schon mal sein, daß sich einfach die Rahmenbedingungen ändern.

Bleiben wir beim Beispiel der ARD. Die 23.000 festangestellten Mitarbeiter gibt es schon lange, die Programme, die von der ARD hergestellt werden, ebenfalls. Von einem schwerfälligen, überlebten Dinosaurier hat bis vor kurzem noch niemand gesprochen. Und gerade jetzt, wo die öffentlich-rechtlichen Rundfunksysteme - ARD und ZDF - in einem rigorosen Rationalisierungs- und Sparkurs Milliarden einsparen - gerade jetzt haben wir unseren Störfall, sehen wir uns Vorwürfen ausgesetzt, die aus unserer Sicht so nicht zutreffen.

Landesparlamente und Landesregierungen entscheiden über die Errichtung von Funkhäusern, nicht die Verantwortlichen der Rundfunkanstalten. Wenn uns jetzt der Vorwurf gemacht wird, die ARD arbeite ineffizient, kleine Sender wie der Sender Freies Berlin, Radio Bremen oder der Saarländische Rundfunk würden die Kosten unnötig in die Höhe treiben, dann ist das nicht Folge unseres falschen Managements, sondern Folge politischer Entscheidungen.

So ist dieser Störfall für uns öffentlich-rechtliche Programmacher besonders schwierig zu handhaben: Wir sind nicht die eigentlichen Verursacher des Problems, wir können das Problem nicht selbst lösen - aber wir stehen im Brennpunkt der Ereignisse.

Unsere besonderen Erfahrungen mit einem Störfall zeigen, daß es den normalen Störfall nicht gibt. Die Störung kann von außen her erfolgen, kann natürlich auf eigenem Mißmanagement beruhen, kann durch eine Kette unglücklicher Zufälle ausgelöst werden oder schlicht bewußt inszeniert oder gebilligt worden sein.

Im vergangenen Frühjahr brach das Immobilienimperium des Frankfurter Immobilienjongleurs Heinrich Schneider zusammen. Zwei bis drei Milliarden Mark kostet die Pleite wohl letztendlich, und das Ärgerliche für die Gläubiger war, daß es Schneider noch gelang, in seinem betrügerischen Konkurs etliche Millionen Mark beiseite zu schaffen. Auch - und gerade - die als überaus seriös geltende Deutsche Bank gehörte zu den Hauptgeldgebern Schneiders, der Störfall für die Bank war da, sie muß vermutlich 600 Millionen für die Schneider-Pleite abschreiben. Doch der Störfall für die Bank war ein ganz anderer. Die Nr. 1 im deutschen Bankengewerbe sah sich mit kritischen Fragen der Journalisten konfrontiert, ob die Kontrollmechanismen nicht zu lax gewesen seien, oder ob der Bank gar grobe Fehler bei ihren Geldgeschäften unterlaufen waren. Der Ruf der Bank war angekratzt.

In dieser Situation traf die Bank ein weiterer Störfall ganz unerwarteter Art: der Peanuts-Ausspruch des Vorstandsvorsitzenden. Hilmar Kopper hatte die Verluste für die Bank in einem Interview als "peanuts" abgetan, was in der Öffentlichkeit als Mischung zwischen Arroganz und mißlungener Schadensbegrenzung interpretiert wurde. Zum Sachschaden kam der lange nachwirkende Imageschaden für die Bank, der in der Folge mit aufwendigen Werbekampagnen wieder korrigiert werden mußte.

Am Montag, den 20. Februar 1995: ein Störfall ähnlicher Größenordnung bei der Barings-Bank, wo der Finanzmakler Nick Leesen durch riskante Spekulationen das Unternehmen in den Konkurs trieb - so der Stand. Vielleicht war es auch ganz anders! Eine ähnliche Situation also, wie bei der Schneider-Pleite, doch in diesem Fall tritt Bankmiteigentümer Peter Baring an die Öffentlichkeit, gibt sich völlig überrascht und gesteht den Zusammenbruch seines Unternehmens ein.

Obwohl die Folgen für die Barings-Bank viel drastischer sind als im Fall der Deutschen Bank, ist die Wirkung in der Öffentlichkeit moderater. Es überwiegt eine fast schon bedauernde Fassungslosigkeit und nicht wie bei den Banken der Schneider-Pleite eine empörte Fassungslosigkeit.

Bei allen Unterschieden zwischen diesen beiden Fällen wird doch deutlich, in welchem Maße äußere Faktoren den Typus des Störfalls beeinflussen. Das unscheinbare Wort "peanuts" - in der Sache womöglich auch zutreffend - hat innerhalb des Schneider-Störfall-Szenarios das Klima zwischen Öffentlichkeit und Unternehmen in starkem Maße geprägt. Die Schneider-Objekte waren prominente Immobilien in den Großstädten, die von einer Vielzahl von Menschen registriert wurden. Viele, vermutlich die meisten Menschen haben einen Kredit bei einer Bank und verglichen ihre Kreditpraxis mit derjenigen im Falle Schneider.

Solche "links", die direkte oder indirekte Betroffenheit von einem solchen Störfall, wirken wiederum als Nachfrageschub auf dem Nachrichtenmarkt und verstärken den Druck auf die Berichterstattung. Je nachdem, in welcher Art und Weise der Störfall die Öffentlichkeit beeinflußt, ergibt sich dann oft die Tendenz eines bestimmten Typs von Berichterstattung - betroffen, kritisch, mitleidsvoll oder empört, politische Konsequenzen fordernd. Jedes einzelne Medium hat seine Stärken und sucht seine Themen auch entsprechend aus.

3. Selektive Wahrnehmung und öffentliche Meinung

Während dem öffentlich-rechtlichen Rundfunk vor allem an einer umfassenden Information und einordnenden Hintergrundinformationen gelegen ist, stehen für die Boulevardmagazine meist das persönliche Schicksal im Vordergrund, für die Börsenzeitung wiederum vor allem die finanziellen Auswirkungen eines Störfalls.

Angesichts dieses breiten Interessenspektrums bei einem Störfall ist eine globale Strategie entsprechend schwierig zu gestalten.

Je nach Medium werden die Risiken in unterschiedlichem Maße wahrgenommen und interpretiert. Ein objektives Risiko gibt es nicht. Ein Laie, beeinflußt von Katastrophenfilmen und Sensationsmeldungen, schätzt technische Störfälle vermutlich rein intuitiv gefährlicher ein als ein Experte, der täglich mit der Störquelle umgeht. Wer von den beiden schätzt nun das Risiko richtig ein? Die Frage ist vermutlich nicht zu beantworten - und selbst wenn man sie beantworten könnte - helfen würde dies kaum etwas, denn die unterschiedliche Wahrnehmung verhindert einen vollständigen rationalen Konsens in der Gesellschaft.

Ein Störfall ist bis zu einem gewissen Grad immer ein öffentlicher Störfall. Die Störung wird zum Störfall, weil sie Außenwirkungen hat, bemerkenswerte finanzielle Folgelasten, Imageverluste in der Öffentlichkeit, drohende politische Konsequenzen bis hin zu strafrechtlichen Folgen. Ein normaler Defekt oder ein fehlgeschlagenes Geschäft machen allein noch keinen Störfall aus, was dazukommen muß, ist die Wirkung, zumindest die Relevanz für die Öffentlichkeit.

So gesehen ist ein Störfall zu einem beachtlichen Teil öffentlich. Damit ist nicht mehr nur noch das Unternehmen der Akteur, sondern zu einem gewissen Maß entgleitet der Störfall der Kontrolle eines Unternehmens. Es existiert jetzt nicht mehr nur noch die Wirklichkeit aus Sicht des Unternehmens. Experten melden sich zu Wort und werfen sich gegenseitig unseriöse Wissenschaftlichkeit vor, Medien heizen mit Sensationsmeldungen auflagen- und zuschauerfördernd die Diskussion an, politische Gruppen instrumentalisieren den Störfall für ihre Zwecke. Eine Vielzahl vermeintlicher Wirklichkeiten und Wahrheiten prallt aufeinander, es entsteht eine Flut von Fragen, konkurrierenden Erklärungsmustern, Ängsten und Beschwichtigungsversuchen.

Welche Wahrheit gilt da für den einzelnen? Es herrscht das Gesetz der Massenpsychologie, das jedem einzelnen bis zum Beweis des Gegenteils seine eigene Wirklichkeit zugesteht. Doch viele Beweise können gar nicht mit letzter Sicherheit erbracht werden - und selbst dann kann niemand zur Einsicht gezwungen werden. Die öffentliche Meinung - zumindest ein Teil davon - ist in diesem Stadium kaum mehr durch rationale Argumentation zu überzeugen. Das ist für ein Unternehmen das eigentlich Fatale: Daß es die Steuerung bei der Schadensbegrenzung zumindest im öffentlichen Bereich aus den Händen verliert und mit seinen Argumenten nur ein Element unter vielen in der öffentlichen Diskussion ist.

4. Die Macht der Bilder

Nicht jedes Risiko und nicht jeder Störfall hat das Potential zu einer Katastrophe. Aber wenn man einschlägige Medien betrachtet, ist dieses Potential doch erstaunlich groß. Hier liegt das zweite Öffentlichkeitsproblem eines Störfalls: Störfälle können auch ohne besonderes immanentes Potential entstehen, allein durch die Art und Weise, wie der Störfall in der Öffentlichkeit aufgenommen wird.

Hier spielen wieder zahlreiche Faktoren hinein, die für ein Unternehmen nicht zu beeinflussen sind. Der Nachrichten- und Informationsmarkt funktioniert wie jeder Markt nach dem Prinzip von Angebot und Nachfrage. Das Chemieunternehmen, dessen Störfall in die Zeit einer Bundestagswahl, oder zeitgleicher schwerer Erdbeben oder sonstiger Schlagzeilen fällt, profitiert von dem Überangebot auf dem Medienmarkt. Sein Name taucht seltener auf als im nachrichtenarmen Sommerloch, wo jede kleine Nachricht von den Medien genüßlich aufgenommen wird.

Am Rosenmontag vor zwei Jahren kam das Chemieunternehmen Hoechst in die Schlagzeilen, nachdem im Werk Griesheim bei einem Betriebsunfall eine Wolke ortho-Nitroanisol freigesetzt worden war, was enorme - und medienwirksame - Schutz- und Sanierungsarbeiten zur Folge hatte. Es folgten kurz darauf zwei weitere Störfälle bei Hoechst, die jeweils unabhängig voneinander auftraten. In der Öffentlichkeit wurde diese Kette jedoch als "Störfallserie" bei Hoechst interpretiert. Entsprechend massiv wurden die Forderungen nach schärferen gesetzlichen Regelungen. Zu den eigentlichen Störfällen kam für Hoechst hier als hartnäckiges Störfall-Element die Verkettung mehrerer Störfälle hinzu, was die Störfallkommunikation von Hoechst erheblich erschwerte.

Der Fall Hoechst verdeutlicht aber auch eine andere Facette der Störfall-Problematik. Wir leben in einer visualisierten Welt, in der besonders das Fernsehen dazu beiträgt, daß sich die Zuschauer "ein Bild" von den Ereignissen machen können. Nun lassen sich - ich sage dies mit einem gewissen Bedauern - gerade Katastrophen filmisch besonders packend darstellen. Katastrophen sind ein Garant für bewegte Bilder: Rettungsmannschaften schwärmen aus, Gebäude und Autos brennen, explodieren, stürzen zusammen, Menschen laufen durcheinander, schreien, weinen. Der Zuschauer kann aus ungefährlicher Distanz aber doch aus unmittelbarer Nähe die Schrecken mitverfolgen. Verbunden mit dem seltsamen Interesse der Menschen für derartige Katastrophen geben solche Störfälle von Natur aus zuschauerträchtiges Material für die Berichterstattung ab.

Nach dem Hoechst-Störfall in Griesheim traten überall die Sanierungsmannschaften in Erscheinung und boten spektakuläre Motive für die Medien: 240 unheimlich anmutende Gestalten in weißen Schutzanzügen und Atemschutzmasken rückten gegen den gelben Schmierfilm aus, Straßen wurden abgefräst, Böden abgetragen, Autos gesäubert. Bei solchen Bildern läuft jedem

Nachrichtenmacher das Wasser im Munde zusammen! "Wir waren einfach für das Fernsehen über Wochen viel zu interessant" bilanzierte Dr. Karl Holoubek, ein Vorstandsmitglied der Hoechst AG, die Störfallserie. Zum eigentlichen Störfall kommt in solchen Situationen das Element außergewöhnlicher Medienwirksamkeit hinzu - es gilt eben "news is, what's different".

Nun könnte man aus dem eben Gesagten nach Vogel-Strauß-Manier folgern, wo keine Bilder sind, wo es nichts zu filmen gibt, da entstehen auch keine oder zumindest weniger Beiträge. Wo keine besonders attraktiven Motive vor die Kamera zu bringen sind, läßt das Interesse der Journalisten nach - und damit die Störfall-Fokussierung in den Medien.

Ein Störfall, darauf habe ich ja eingangs hingewiesen, entsteht erst in der kritischen Gemengelage von Fakten, Sensationslust, Neugier, Informationsbedürfnis, Angst und natürlich auch Präsenz in den Medien. Diese Massenpsychologie gehorcht ihren eigenen Gesetzen und läßt sich kaum steuern. Wer als Programmacher diese Tendenzen trifft, bekommt sein Publikum. Wer nichts zum Thema beizutragen hat, verliert entsprechend Leser, Zuhörer oder Zuschauer.

Das soll nicht heißen, daß wir Journalisten uns strikt nur nach den Wünschen unseres Publikums richten. Aber da ein Störfall immer ein Stück weit Öffentlichkeit betrifft, ist er Ziel auch der öffentlich-rechtlichen Berichterstattung. Dieser Gedankengang erscheint mir wichtig, weil dadurch deutlich wird, daß Berichterstattung nicht zu verhindern ist. Ganz im Gegenteil: Wer journalistische Neugier nicht befriedigt oder befriedigen kann, der verhindert nicht Berichterstattung, sondern lenkt sie in andere Bahnen. Engagierte Journalisten werden sofort argwöhnisch recherchieren, was hinter einer informationsverweigernden Taktik steckt. Andere werden über den Störfall auf ihre Weise berichten, eine rührselige Geschichte bringen, aus Informationsnot alte Katastrophen aus dem Archiv zusammenstellen oder notfalls etwas erfinden. Mit keiner dieser Strategien ist einem vom Störfall betroffenen Unternehmen gedient - und auch nicht der Öffentlichkeit.

5. Der Störfall aus der Sicht der Medien

Damit möchte ich zum zweiten Teil meiner Überlegungen kommen, der Frage, wie Programmacher mit einem Störfall umgehen. Für die aktuelle Berichterstattung ist ein Störfall prinzipiell einmal ein Nachrichtenstoff, der zur täglichen Berichterstattung gehört. Gerade der öffentlich-rechtliche Rundfunk hat den gesetzlichen Auftrag, eine umfassende Grundinformation der Gesellschaft zu gewährleisten. Nicht von ungefähr gelten die Sendungen in ARD, ZDF und den dritten Programmen als informationsbetont. Wir nehmen diesen Informationsauftrag sehr ernst, denn in dem Informationsanspruch liegt die eigentliche Legitimität unseres Programms begründet. Wir müssen also - und wir wollen auch - ein möglichst umfassendes Informationsangebot machen.

Ein gutes Informationsprogramm ist daran zu erkennen, daß die Informationen für den Zuschauer in einer verständlichen Form präsentiert werden. Die eigentliche Nachricht muß durch Hintergrundinformationen und Bewertungen aus kompetentem Munde ergänzt werden, so daß der Zuschauer die Zusammenhänge richtig einordnen und sich ein vollständiges Bild machen kann. Dazu zählen Beiträge zu den potentiellen Gefahren eines Störfalls, die Wirkungsweisen technischer Anlagen oder die Darlegung möglicher Folgen - politischer wie technischer Natur. Auch wir prägen nicht die öffentliche Meinung, aber wir versuchen doch, den Zuschauern alle relevanten Fragen durch ein breites Informationsangebot zu beantworten und alternative Bewertungen aufzuzeigen.

Störfälle unterschiedlicher Intensität gehören zum täglichen Brot der meisten Nachrichtenredakteure, deren Arbeitsgebiet über den lokalen Bereich hinausgeht. Während für das einzelne Unternehmen ein Störfall möglicherweise - hoffentlich muß man ja sagen - eine extreme Ausnahmesituation darstellt, ist der gleiche Störfall aus der Sicht des Redakteurs und Berichterstatters ein Routinefall, wie er viele andere zuvor erlebt und in Informationen umgesetzt hat.

Schon in der Präsenz besteht eine Diskrepanz zwischen betroffenem, pausenlos gefordertem Unternehmen und den Redaktionen, für die der Störfall oft nur ein Fall ist unter vielen anderen an diesem Tag. Während sich Unternehmen mit völlig neuen Schwierigkeiten einer ausgewogenen Störfallkommunikation konfrontiert sehen, läuft auf der anderen Seite eine professionelle Medienmaschinerie auf Hochtouren, die sich auf bewährte Weise eines weiteren Störfalls annimmt, so wie man das schon unzählige Male vorher getan hat. Ziel ist es, die wichtigen Facetten des Störfalls möglichst schnell zu durchdringen - was völlig unabhängig und unbeeindruckt von den Bedürfnissen und Schwierigkeiten des betroffenen Unternehmens geschieht. Während für das Unternehmen ja die Störfall-Bewältigung Priorität hat, zählt für die Medien vor allem eine schnelle, umfassende Information.

Und während das Unternehmen grundsätzlich in Stufen der erfolgreichen Bewältigung denkt, sind Recherche und Berichterstattung unverrückbar an präzise Termine wie Redaktionsschluß, Sendebeginn und technische Vorgaben gebunden. In diesem Wettlauf gegen die Zeit wird die erreichbare Information zu einem entscheidenden Kriterium: Jene relevanten Informationen, welche zuerst verarbeitet werden können, haben einen gewissen Vorteil. In der Realität bedeutet dies, daß nicht selten die zeitliche Disposition darüber entscheidet, wer beispielsweise zu einem bestimmten Zeitpunkt als Experte in einer Live-Schaltung zum Störfall befragt werden kann. Für jede neue Sendung wiederholt sich dieser Wettbewerb um neue Aspekte, zusätzliche Interviews, Ansichten, Kommentare und Informationen - und nicht zu vergessen: um neues Bildmaterial.

Es prallen noch in anderer Hinsicht zwei Welten aufeinander. So sehr ein Störfall in vielerlei Hinsicht eine gänzlich unerwartete Situation schafft, so findet die Störung doch auf einem Feld statt, das dem betroffenen Unternehmen bestens vertraut ist. Unzählige Detail-Informationen sind anfangs nur dem Unternehmen bekannt oder zugänglich. Die Verantwortlichen besitzen in den ersten Phasen entscheidende Informationsvorsprünge, die ihnen rasche Entscheidungen auf der Basis von Exklusivinformationen ermöglichen, ohne daß die Hintergründe von außen, in unserem Fall also von der Öffentlichkeit und den Medien, nachvollzogen oder kritisch beleuchtet werden können.

Kommunikationstechnisch ergibt sich durch diese unterschiedliche Ausgangslage der Informiertheit eine gewisse Konsternierung auf seiten der Medien. Wer kritisch über die Reaktionen eines betroffenen Unternehmens berichtet, will wissen, warum dieser und jener Schritt getan wird. Aus Sicht des besser informierten Unternehmens mag eine durchaus intelligente Strategie hinter dem Handeln nach einem Störfall stehen. Außenstehenden bleibt diese innere Regie dagegen nicht selten verborgen. Da die Handlungen aber der Öffentlichkeit plausibel dargestellt werden müssen, ergibt sich für den Journalisten ein immanenter Interpretationszwang. Bei einer eher zähen Störfallkommunikation tauchen hier bereits die ersten Quellen unnötiger Mißverständnisse auf.

Eine Informationsblockade wendet sich gegen das Unternehmen selbst. Ob das betroffene Unternehmen im Informationsprozeß eine aktive Rolle spielt oder nicht, ist für die Berichterstattung weniger von Bedeutung als für das Unternehmen selbst. Im Wettbewerb der Informationen, die zu einem Störfall zu bekommen sind, wird die bestmögliche Auswahl an Informationskomponenten getroffen. Verweigert das Unternehmen eine aktive Informationspolitik, konzentriert sich die Medienrecherche eben auf andere verfügbare Quellen. Offene Fragen und Informationsbedürfnis werden dann aus Quellen gedeckt, auf die das Unternehmen keinen Einfluß hat. Das öffentliche Interesse an dem Störfall existiert ja unverändert - und damit der Druck auf die Medien, umfassend darüber zu informieren.

In der Berichterstattung führt eine zähe und zaudernde Informationspolitik der Betroffenen dazu, daß das Unternehmen in den Medien entsprechend weniger seine Sicht der Dinge vertreten und darstellen kann. Da gerade bei einem Störfall damit gerechnet werden kann, daß sich viele kritische Stimmen zu den Vorgängen finden lassen, ist es für das betroffene Unternehmen umso wichtiger, den schon vorhandenen Schaden nicht noch durch übertriebene Mutmaßungen und Interpretationen von fremder Seite anwachsen zu lassen.

Ich habe vorher von der Massenpsychologie gesprochen, die mit einem Störfall einhergeht. Diese konfuse, aber oft eine bestimmte Tendenz ausdrückende öffentliche Meinung kann nicht von einer einzelnen Zeitung oder einer TV-Nachrichtensendung geprägt und gesteuert werden. Aber jede einzelne Veröffentlichung fließt in die Masse an Deutungen, Erklärungen, Informationen und Wertungen ein und verändert, korrigiert oder bestärkt die Menschen in ihrer jeweiligen Haltung. Kippt die Stimmung erst einmal gegen ein betroffenes Unternehmen, ist eine Revision nur noch schwer möglich. Denken Sie an das jüngste Beispiel, die erst nach Zögern erfolgte Rückrufaktion von Opel. Nicht der Störfall selbst, die Mängel, die einen Rückruf erforderlich machen, haben dem Unternehmen den beträchtlichen Imageschaden zugefügt, sondern die in der Öffentlichkeit kritisierte, zögerliche Störfallkommunikation. Jetzt muß sich Opel in aufwendigen, ganzseitigen Anzeigen entschuldigen.

Ein Unternehmen ist unter diesen Vorzeichen gut beraten, in den Kommunikations-Szenarien vom "worst case" auszugehen. Beim Hoechst-Störfall in Griesheim sprach der Werksleiter arglos gemäß Formblatt von einer "mindergiftigen" Substanz, was in der Öffentlichkeit gleich als Vertuschungsmanöver hingestellt wurde, weil die massiven Sanierungsmaßnahmen keineswegs danach aussahen. - Allerdings auch, weil bereits Fakten existierten, daß der Stoff nicht so harmlos war, wie dies der Werksleiter hinstellte. Bei Hoechst hat man daraus die Erfahrung gezogen, im Schadensfall immer zuerst an die größtmöglichen Auswirkungen zu denken und dann mit zunehmender Sicherheit der Lagebeurteilung schrittweise Entwarnung zu geben. Diese Strategie scheint mir die richtige zu sein, sie wird am ehesten dem kritischen Informationsinteresse der Medien und ihres Publikums gerecht, die solche Offenheit honorieren.

Eine weitere Quelle von Kommunikationsstörungen liegt im fachlichen Informationsvorsprung eines vom Störfall betroffenen Unternehmens begründet. Was sich aus Expertensicht logisch, klar und unzweifelhaft darstellt, ist für die breite Öffentlichkeit oft ein Buch mit sieben Siegeln. Das Publikum will befriedigende Erklärungen, und was nicht einleuchtet, das leistet einer heranwachsenden Skepsis Vorschub.

Ich möchte hier nicht die Kommunikationstheorie mit Schnittmengen von Sendern und Empfängern bemühen. Informationen entfalten erst dann ihre volle Wirkung, wenn sie vom Empfänger richtig aufgenommen werden. Vor dieser Schwierigkeit stehen Journalisten und betroffene Unternehmen von Anbeginn eines Störfalls. Da versucht in der Regel ein vom Störfall betroffenes Unternehmen in einer besonderen Spannungssituation, die zusätzlich von außen hereinbrechende Belastung - und dazu gehören Informationsanfragen von Journalisten - möglichst rasch abzuwiegeln und sich ganz auf die Störfall-Bewältigung zu konzentrieren.

In einer solchen Situation ist nicht damit zu rechnen, daß die Verständlichkeit allererste Priorität besitzt. Wer wie der bereits erwähnte Hoechst-Werksleiter dann in die hölzerne Fachsprache verfällt, leistet für die Medien eigentlich gar keine Informationsarbeit. Verständnis für einen Störfall ergibt sich jedoch erst aus der Verständlichkeit der Ursachen. Bis zu diesem Verstehen bleibt ein Störfall in der Sicht der Öffentlichkeit ein Fall, der eigentlich gar nicht hätte auftreten dürfen und dessen Existenz prinzipiell einem Fehlverhalten des Unternehmens angelastet wird. Die Transformation verwirrender Sachverhalte in Vorstellbares gehört daher zu den wichtigsten Aufgaben, die Unternehmen und Berichterstattung zusammen leisten müssen.

Ich möchte an dieser Stelle gar nicht verschweigen, daß natürlich auch die Medien nicht immer in einer angemessenen Art und Weise mit Störfällen umgehen. Je nach Publikum und Anspruch reicht die Bandbreite der Ärgernisse von Panikmache oder Verharmlosung, über schlampige Recherche, fahrlässige Realitäts-Darstellung und maßlose Übertreibung bis hin zur glatten Lüge und bewußter Desinformation beziehungsweise dem Weglassen von Details, die nicht ins gewünschte Bild passen. Dies ist für alle Beteiligten ärgerlich und sollte nicht passieren, doch die Realität schaut leider manchmal anders aus.

Leidtragende sind in solchen Fällen neben dem desinformierten Zuschauer und Leser im ersten Augenblick vor allem die betroffenen Unternehmen, die sich zum echten Störfall auch noch mit herbeigeredeten Störfällen konfrontiert sehen, deren Nichtexistenz in einer Krisenstimmung aber zunächst einmal schwer zu belegen sind. Gemäß der alten politischen Weisheit bleibt von jedem Vorwurf erst mal etwas hängen. Wer registriert dann schon die kleine Meldung am Rande, welche falsche Vorwürfe wieder zurechtrückt?

6. Optimale Störfallkommunikation

Damit bin ich eigentlich bereits mitten in meinem dritten Teil über eine optimale Störfallkommunikation zwischen Unternehmen und Medien. Das Dilemma am Störfall ist, daß er am besten gar nicht erst aufgetreten wäre, aber nun einmal da ist. Zunächst ist jeder Störfall für den Betroffenen kein Kommunikationsereignis mit einer Erfolgsskala von plus unendlich bis minus unendlich. Der eigene Name taucht ständig in negativ besetzten Schlagzeilen auf, derartige Popularität in der Öffentlichkeit wünscht sich niemand.

Störfallkommunikation dient in erster Linie dazu, den Schaden gering zu halten, nicht Imagegewinne zu erzielen. In dieser Situation spielt eine echte Öffentlichkeitsarbeit und eine echte Pressearbeit eine entscheidende Rolle. Arbeit für die Öffentlichkeit, Arbeit für die Presse, diese Begriffe sollten in ihrem ursprünglichen Sinn ernst genommen werden. Bei einem Störfall hat ein Unternehmen zwar nicht viel zu gewinnen, aber jede Menge zu verlieren.

Worin besteht nun eine optimale Störfallkommunikation? In vielen Fällen beschränkt sich die Kommunikation bei genauerem Hinsehen auf bilaterale Informationsströme. Informationen werden verwertet, verarbeitet und auf dieser Basis neue Informationen eingefordert oder gegeben. Das zeichnet noch keine fruchtbare Kommunikation aus. Intensive Kommunikation, darauf habe ich bereits hingewiesen, gelingt erst, wenn eine gemeinsame Informationsbasis vorhanden ist, wenn die Schritte des anderen nachvollzogen und eingeordnet werden können.

Eine Streßsituation ist für den Aufbau einer solchen Kommunikationsgrundlage natürlich denkbar ungeeignet. Optimale Störfallkommunikation beginnt bereits vor dem potentiellen Störfall. Ein Störfall ist zunächst meistens der Eintritt eines Risikos, das man von vornherein einkalkuliert. Unternehmerisches Handeln hat zwangsläufig Folgen, Konsequenzen und potentielle Risiken, über die man sich meistens bereits im voraus bewußt ist. Störfallkommunikation beginnt daher mit Risikokommunikation. Es gibt Risiken! - darauf kann und darf man hinweisen. Man kann vermitteln, warum es sich lohnt, diese Risiken auf sich zu nehmen, warum man selbst bereit ist, diese Risiken in Kauf zu nehmen.

Die Bewußtmachung von Risiken ist der erste Schritt, bei einem Störfall entsetzter Fassungslosigkeit in der Öffentlichkeit vorzubeugen. Es ist gleichzeitig ein strategischer Schritt, der ein Unternehmen vor dem Nimbus der Unfehlbarkeit schützt. Der Ruf der Unfehlbarkeit ist zwar ein durchaus positiver Imagezug, aber wenn dennoch ein Störfall eintritt, ist die Enttäuschung über diese Fehleinschätzung so groß, daß sich diese Imagestrategie wohl kaum rechnet.

Wer den Schritt der Risikokommunikation nicht geht, weil er sich vor den Konsequenzen einer aufgeregten Debatte über fiktive Schäden und Fehlentscheidungen fürchtet, der darf sich nicht wundern, wenn er bei einem Störfall erst recht keine Worte findet.

Wer sich der Risiken und brisanter Entscheidungen bewußt ist, der handelt in der Regel vorausschauend und versucht, die Risiken zu minimieren, da ein Störfall ja vor allem für ihn selbst zum Schadensfall wird. Mit Eintritt eines Störfalls ist der eigentliche Schaden bereits unvermeidbar vorhanden. Störfallkommunikation dient dazu, weitere Schäden - Unannehmlichkeiten und Imageverlust - zu verhindern. Man darf nicht vergessen, daß bei einem Störfall ja auch das Vertrauen der Mitarbeiter gestört wird. Und deren Identifizierung mit dem Unternehmen ist einer der entscheidenden Werte eines Unternehmens.

Die kommunikative Herausforderung nach einem Störfall liegt für den Betroffenen darin zu beweisen, daß ihn selbst keine Schuld daran trifft. Die eigene Glaubwürdigkeit ist in der Atmosphäre einer überaus skeptischen Öffentlichkeit geschwächt, so daß Hilfe von "außen" hier eine wichtige Funktion übernehmen kann. Die Medien vermeiden eine einseitige Berichterstattung, indem sie das gesamte Spektrum möglicher Einschätzungen präsentieren. Hier bedeutet Öffentlichkeitsarbeit, diesem breiten Informationsbedürfnis Rechnung zu tragen und die eigene Sicht der Dinge durch anerkannte Experten bestätigen zu lassen.

Hier liegt im übrigen ein überaus positives Moment einer Störfallkommunikation: Die Öffentlichkeit registriert sehr wohl, wenn ein Unternehmen intelligente Risikovorsorge betreibt und im Falle eines Falles umsichtig handelt. Störfallkommunikation wandelt sich dann von einer zaghaften Beschwichtigungspolitik in eine selbstbewußte Darstellung der eigenen Managementqualitäten. In einem Störfall sind alle Augen auf die Betroffenen gerichtet, was diesen eine breite Öffentlichkeit sichert. Auch hier gilt "news is, what's different", was bedeutet, daß außergewöhnliche Aktivitäten aufmerksam registriert werden und über sie berichtet wird.

Wer starke Argumente auf seiner Seite hat, kann sich auch der direkten Kommunikation mit Kritikern stellen. Da die Glaubwürdigkeit von Betroffenen prinzipiell etwas skeptisch eingestuft wird, kommt einer überzeugenden Auseinandersetzung mit gewichtigen Argumenten eine wichtige Rolle im Rahmen einer Störfallkommunikation zu. Gerade die Medien sind sehr daran interessiert, über Entgegnungen auf Kritik und Vorwürfe berichten zu können, weil sich dabei für den Zuschauer eine Reihe von Fragen klärt.

Lassen Sie mich an diesem Punkt zurückkommen auf unseren eigenen Störfall, die Debatte um die Zukunft der ARD. Wir haben eigentlich nicht mit einer derart heftigen Attacke auf den öffentlich-rechtlichen Rundfunk gerechnet. Wir waren - und sind - überzeugt, daß wir in Sachen Journalismus und auch Unterhaltung Spitzenqualität anbieten. Wir haben daher zu wenig "Risikovorsorge" betrieben, zu wenig deutlich gemacht, mit welcher Begeisterung und mit welchem Engagement wir unser Programm machen und warum dafür so viele qualifizierte Menschen und die Rundfunkgebühren notwendig sind.

Da haben wir jeden Tag mit Störfällen jeglicher Art in unserer Berichterstattung zu tun - und wenn es uns selbst trifft, stehen auch wir vor dem Problem einer optimalen Störfallkommunikation. Wir haben aber - wie ich meine - sehr schnell auf den Störfall reagiert und uns mit den Vorwürfen intensiv auseinandergesetzt.

Es ist uns bewußt geworden, daß ein echter Störfall zwangsläufig ein entsprechendes Medienspektakel nach sich zieht. Und nach überstandener Attacke bin ich sicherer denn je: Bei einem Störfall kann man nur durch eine offensive Informationspolitik obenauf schwimmen. Oder, im anderen Falle, in der Flut der Vorwürfe und Mutmaßungen untergehen.

Unternehmen und Unternehmer zunehmend im Visier von Gesetzgeber und Ermittlungsbehörden

Beitrag von Prof. Dr. Günter Kohlmann, Direktor des Kriminalwissenschaftlichen Institutes der Universität zu Köln, Köln

1. Einleitung

Ich habe mich bereits in Veranstaltungen, die der heutigen vorausgingen, zu den Gefahren geäußert, die für Unternehmen und Unternehmer aus den Vorschriften des Strafrechts und den Regelungen des Strafprozeßrechts zunehmend erwachsen können und - wie die tägliche Berichterstattung in den Medien erweist - tatsächlich erwachsen. Meine damaligen Ausführungen[20] liegen Ihnen schriftlich vor. Es wäre für mich langweilig und für Sie eine Zumutung, sie zu wiederholen. Als Befund hatte ich seinerzeit festgestellt, daß das Risiko, sich strafrechtlich zu verstricken, auch für denjenigen erheblich gewachsen ist, der besten Willens ist, sich rechtstreu zu verhalten.

An dieser Feststellung hat sich nichts geändert. Im Gegenteil: Die Praxis der Ermittlungsbehörden läßt eine härtere Gangart erkennen. Vor allem aber Gesetzesänderungen aus der jüngsten Zeit verstärken diesen Eindruck nachhaltig[21]. So sind nunmehr nicht nur organschaftliche Vertreter eines Unternehmens oder eines Betriebes - die Führungsebene -, sondern auch nachgeordnete Mitarbeiter in Leitungs- oder Aufsichtsfunktionen in verstärktem Maße bei

---

[20] G. Kohlmann: Manager vor Gericht, in: R. Gerling/O.-P. Obermeier (Hrsg.): Risiko - Störfall - Kommunikation, München 1994, S. 95 - 122.

[21] Vgl. das 31. Strafänderungsgesetz (31. StrafÄndG) bzw. sogenannte "Zweite Gesetz zur Bekämpfung der Umweltkriminalität" (2. UKG) v. 27.6.1994, BGBl. I, 1444.

Ausübung ihrer alltäglichen und gewöhnlichen Berufstätigkeit einem erheblichen Bußgeldrisiko ausgesetzt. Dies kann - z. B. in Form der Verhängung einer Unternehmensgeldbuße - auf das Unternehmen zurückschlagen.

Mir liegt daran, Ihnen heute aus aktuellem Anlaß einige bedeutsame Problemkreise aufzuzeigen, die deutlich machen, auf welch schmalem Grat zwischen zulässiger und im Wirtschaftsleben auch unerläßlicher Berufstätigkeit und strafrechtlich bzw. bußgeldrechtlich relevantem Verhalten die Unternehmensverantwortlichen wandeln. Dabei will ich weniger auf einzelne nebengesetzlich geregelte Spezialmaterien des Strafrechts eingehen - ein Unterfangen, welches von vornherein angesichts des nahezu undurchdringbaren Paragraphendickichts straf-, bußgeld- und verwaltungsrechtlicher Reglementierungen zum Scheitern verurteilt wäre. Ich möchte mich - nicht zuletzt wegen der Kürze der Zeit - auf Grundsätzliches beschränken. Als Stichworte nenne ich:

- das Risiko von Managern und Führungskräften, wegen Beihilfe zu einer Straftat zur Verantwortung gezogen zu werden;
- die normative Zurechnung der Verantwortlichkeiten aufgrund der innerbetrieblichen Organisationsstruktur und die dadurch bedingten Ermittlungsmethoden der Strafverfolgungsbehörden;
- die bußgeldrechtliche Inhaftungnahme von Führungskräften aufgrund der Verletzung von Aufsichtspflichten und die Möglichkeiten der Verhängung einer Unternehmensgeldbuße.

2. Das Risiko, wegen Beihilfe zu einer Straftat zur Verantwortung gezogen zu werden

Was die sogenannte Beihilfe-Problematik anlangt, knüpfe ich an den "Störfall" an, der im vergangenen Jahr Schlagzeilen gemacht hat. Staatsanwaltschaft und Steuerfahndung hatten in einer spektakulären Durchsuchungs- und Beschlagnahmeaktion in der Niederlassung einer großen deutschen Bank, aber auch in deren Firmenzentrale in erheblichem Umfang CpD-Kontenunterlagen (Conto pro Diverse) sowie die gesamte Post mit den luxemburgischen Tochterunternehmen sichergestellt. Ausgangspunkt der Ermittlungen war der zunächst lediglich gegen "eine" Sachbearbeiterin der Düsseldorfer Filiale gerichtete konkrete Tatverdacht der Beihilfe zum illegalen Schwarzgeldtransfer von Kundengeldern nach Luxemburg.

In dieser Situation haben die Verantwortlichen aus meiner Sicht verhängnisvolle prozessuale Fehler gemacht. Sie haben nämlich gegen die Beschlüsse Rechtsmittel eingelegt und sich sogar an das Bundesverfassungsgericht gewandt und sich - wie leicht vorauszusehen - "blutige Nasen" geholt. Wieso waren die Fehler verhängnisvoll? Die Antwort ist einfach. Wenn man in einem Strafverfahren merkt, daß Rechtsmittel keinen Erfolg versprechen, ist dringend davon abzuraten, sie einzulegen. Ein abgewiesenes Rechtsmittel wirkt sich wie eine Hypothek aus. Man schleppt die richterlichen Entscheidungen während des ganzen Verfahrens mit und muß sich von den Ermittlungsbehörden stets vorhalten lassen, daß die Gerichte ihre Auffassungen teilen. Ich werde später noch aus den Entscheidungen zu zitieren haben.

Die Wellen der allseitig aufgebrandeten Empörung gegen diese als "flächendeckende Rasterfahndung" bezeichneten Ermittlungsmethoden sind mittlerweile seit der Entscheidung des Bundesverfassungsgerichtes (BVerfG) vom 23.3.1994[22], das die Zulässigkeit der Durchsuchungsaktion ausdrücklich bestätigt hat, merklich abgeebbt. Der für die unfreiwillig in den Blickpunkt des allgemeinen öffentlichen Interesses gerückte betroffene Bank zurückgebliebene Scherbenhaufen ist hingegen nicht mehr rückgängig zu machen. Darüber hinaus haben die seitens der Ermittlungsbehörden - man kann vermuten - bewußt lancierten Ermittlungsergebnisse und die Berichterstattung in den Medien dazu beigetragen, daß große Teile des Bankgewerbes in den Ruch der Komplizenschaft mit Steuerbetrügern gebracht wurden. Der Umstand, daß die Bank ihrerseits in die Offensive gegangen ist und die Staatsanwaltschaft wegen Verletzung des Steuergeheimnisses angezeigt hat, ist eine durchaus verständliche Reaktion darauf, daß sie sich quasi stellvertretend für andere Kreditinstitute an den öffentlichen Pranger gestellt fühlen mußte, wenngleich abzusehen ist, daß diese Verteidigungstaktik wohl kaum von Erfolg gekrönt sein wird.

Dieser Störfall zeigt erneut, wie sehr einem Unternehmen daran gelegen sein muß, bereits in der Vorausschau und bei der Planung betriebswirtschaftlicher Entscheidungen das Unternehmensrisiko "Strafverfahren" zu bedenken und "negative Publizität" nach Möglichkeit auszuschalten.

2.1. Einfallstor "Verdacht der Beihilfe"

Um auf den strafrechtlichen Aspekt dieses bankenspezifischen "Störfalls" zurückzukommen: Das aktuelle Beispiel zeigt überdeutlich, wie leicht es Strafrecht und Strafprozeßrecht den Ermittlungsbehörden machen, über das Einfallstor "Verdacht der Beihilfe" - sei es auch nur gegen untergeordnete Mitarbeiter - Zugriff auf die Führungsetage des Unternehmens zu nehmen. Zum anderen

---

[22] Vgl. wistra 1994, 221.

steht zu vermuten, daß der Steuerfahndung in erster Linie daran gelegen war, den steuerunehrlichen Kapitalanlegern unter den Bankkunden auf die Schliche zu kommen, wobei sich vordergründig die Ermittlungen gegen Bankbedienstete wegen des Verdachts der Teilnahme richteten nach dem Motto, den Gehilfen haben wir, der Haupttäter wird sich dann schon finden. Mittlerweile sind auch gegenüber vielen Bankkunden Steuernachforderungen erhoben bzw. strafrechtliche Ermittlungsverfahren eingeleitet worden. Dennoch lag aufgrund der konkreten Tatumstände, die ich hier nicht näher darlegen kann, keine prozessual unzulässige Scheinmaßnahme bzw. Flächenfahndung vor, wie es das BVerfG in der angesprochenen Entscheidung noch einmal betont hat.

Bezeichnend, und deshalb will ich die Passage hier kurz im Wortlaut wiedergeben, sind folgende Feststellungen der Verfassungsrichter, die nota bene nicht über die Tat an sich - Beihilfe der Bankangestellten zur Steuerhinterziehung -, sondern lediglich über die Zulässigkeit der Durchsuchung zu entscheiden hatten:

"Damit war es aber auch sachgerecht, davon auszugehen, daß die Beschuldigte Q... nicht die einzige Person im Betrieb der Beschwerdeführerin war, die das von ihr verwendete System der Verschleierung kannte und billigte. Denn es liegt nahe, daß es einer Bankangestellten ohne Zustimmung hierarchisch übergeordneter Kreise der Bank nicht möglich gewesen wäre, über Jahre hinweg unter Verletzung der Vorschrift des § 154 AO Kundengelder über CpD-Konten laufen, ausgeschriebene Zahlen als Unterschriften passieren oder sich von dem luxemburgischen Tochterunternehmen große Summen von Kundenkonten überweisen zu lassen. Diese Sicht drängte sich um so mehr auf, als die Beschwerdeführerin selbst (nicht die Beschuldigte Q...) diese Sonderheiten als "absolut üblich" bezeichnet hatte.

Mit Blick darauf war es verfassungsrechtlich nicht zu beanstanden, einen Anfangsverdacht dafür anzunehmen, daß die Organisation der Beschwerdeführerin und ihrer luxemburgischen Tochter systematisch in groß angelegtem Stil zu Hilfeleistungen bei der Hinterziehung von Einkommens- und Vermögenssteuer mißbraucht wurde. ... Aus dem gleichen Grund ist es nicht zu beanstanden, daß als Täter und Teilnehmer der verfolgten Steuervergehen nur die Beschuldigte Q... namentlich genannt wurde. Der Anfangsverdacht war darauf gerichtet, daß eine Vielzahl noch unbekannter Kunden der Beschwerdeführerin Steuern hinterzogen hat und dabei nicht nur die Beschuldigte Q..., sondern auch durch eine ganze Reihe weiterer, noch unbekannter Bediensteter der Beschwerdeführerin unterstützt worden ist. Da die Ermittlungen erst am Anfang standen, war die namentliche Nennung der weiteren Verdächtigen nicht verfassungsrechtlich geboten."

Die daraus zu ersehende Gefahr auch für die mit der Sache selbst nicht befaßten Führungspersönlichkeiten des Unternehmens, in den Kreis der Verdächtigen miteinbezogen zu werden, liegt zum einen in der prozessualen Besonderheit begründet, daß für die Einleitung von Ermittlungen ein sogenannter Anfangsverdacht ausreicht, der sich noch nicht gegen eine bestimmte Person zu richten braucht.

Dabei stehen den Strafverfolgungsbehörden zwei unterschiedliche Ermittlungsmethoden zur Verfügung, die sogenannte "bottom-up"- und "top-down"-Methode, die sich die Unternehmenshierarchie zunutze machen. Einerseits können die Untersuchungshandlungen an der Unternehmensspitze ansetzen. Untersuchungsmaßnahmen, z. B. Durchsuchungsbeschlüsse, können sich - durchaus allgemein gehalten - "gegen die Verantwortlichen innerhalb der Geschäftsleitung" oder "gegen die Verantwortlichen der Firma X und andere" richten, ohne daß dieser Personenkreis in der Begründung näher bestimmt wird. Die andere Vorgehensweise (bottom-up) hat - und hierfür ist der Störfall der Bank exemplarisch - zunächst den unmittelbaren Handlungstäter (die Sachbearbeiterin) auf der unteren Hierarchiestufe im Visier, von der ausgehend die Ermittlungen auf die nächsthöheren Hierarchiestufen ausgedehnt werden können.

Am Rande ist zu erwähnen, daß von strafprozessualen Zwangsmaßnahmen auch unverdächtige Dritte betroffen sein können, so z. B., wenn nicht die Bank selbst der Teilnahme, sondern bestimmte Bankkunden einer Straftat verdächtig sind. Selbst dann müssen Dritte, z. B. auch die Lieferanten, Geschäftspartner u. a. eines Verdächtigen, Durchsuchungen und Beschlagnahmen über sich ergehen lassen.

Die Frage lautet: Wie ist so etwas möglich? Es gibt darauf zwei Antworten.

Die eine ergibt sich aus dem Text der einschlägigen Bestimmungen der Strafprozeßordnung (StPO). Für die Durchführung von Zwangsmaßnahmen - insbesondere also Durchsuchungen und Beschlagnahmen - reicht es aus, daß "bestimmte" Gegenstände als Beweismittel für die Untersuchung von Bedeutung sein "können". Für die Anordnung der Durchsuchung beim Verdächtigen reicht bereits der Verdacht einer Straftat aus.

Der zweite Grund liegt darin, daß sich sehr schnell der Verdacht gegen bestimmte Personen konkretisieren läßt, sie hätten Beihilfe zu einer Straftat begangen. Dies wiederum hängt damit zusammen, daß der Begriff der Beihilfe uferlos weit ist. Nach § 27 Abs. 1 StGB wird bekanntlich wegen Beihilfe bestraft, wer vorsätzlich einem anderen zu dessen vorsätzlich begangener rechtswidriger Tat Hilfe geleistet hat. Der objektive Tatbestand der Beihilfe setzt eine vorsätzlich und rechtswidrige Haupttat - hier die Steuerhinterziehung des Bankkunden gemäß § 370 AO - sowie eine objektive Hilfeleistung des Beraters voraus. Die Gehilfenhandlung kann durch Rat oder Tat, also sowohl in Form physisch/technischer als auch psychisch/intellektueller Beihilfe geleistet werden. Dazu genügen bereits unterstützende Vorbereitungshandlungen zur Tat, soweit diese zumindest das Versuchsstadium erreicht hat.

Für den Begriff "Hilfeleisten" genügt es nach der Rechtsprechung, daß der Beitrag des Gehilfen die Handlung des Haupttäters in "irgendeiner Weise gefördert" hat. Nach dieser bereits durch das Reichsgericht entwickelten "Förderungsformel" braucht die Beihilfehandlung nicht ursächlich im Sinne einer conditio sine qua non für den Erfolg der Haupttat gewesen zu sein. Vor allem im Bereich der psychischen Beihilfe und der Beihilfe durch Unterlassen ist diese Ansicht der Rechtsprechung von Bedeutung, da sie - so der Vorwurf des Schrifttums - zur Überwindung von Beweisschwierigkeiten dienen soll. So ist wegen psychischer Beihilfe auch strafbar, wer durch sein bloßes "Dabeistehen" dem Täter ein erhöhtes Gefühl der Sicherheit gibt oder ganz allgemein: wer in einer für den Haupttäter erkennbaren Weise die Haupttat gebilligt hat. Zudem begeht psychische Beihilfe (durch Handeln bzw. Unterlassen), wer einen deliktischen Plan erkennt und schweigend seine Durchführung mit ansieht.

Festzuhalten bleibt: Als geeignete Tatbeiträge können sogar durchaus neutrale und berufstypische Handlungen in Betracht kommen. Um im Bankenbereich zu bleiben: Nach der Rechtsprechung (Landgericht Düsseldorf)[23] machen sich Bankangestellte der Beihilfe zur Steuerhinterziehung ihrer Kunden schuldig, wenn sie Auszahlungen und Scheckeinlösungen über bankinterne CpD-Konten laufen lassen, "obwohl" der betreffende Bankkunde ein eigenes Girokonto oder ein anderes zur Verbuchung taugliches Konto bei derselben Bank führt. CpD-Konten sind daher eine wahre Fundgrube für die Sammlung steuerlich und sogar strafrechtlich erheblicher Daten und Urkunden von Kunden. Sofern sich der Verdacht gegen sie bestätigt, wird dies zwangsläufig bei entsprechend gängiger Buchungspraxis des Kreditinstituts Ermittlungen gegen die hierfür verantwortlichen Führungspersonen nach sich ziehen.

---

[23] Vgl. wistra 1985, 201.

Auch die nach Einführung der Zinsabschlagsteuer zum Teil aggressiv angelegte Werbung für steuerunschädliche Anlagemöglichkeiten in ausländischen Steueroasen, vorzugsweise in Luxemburg, durch die Kreditinstitute bewegte sich hart an der Grenze zwischen noch legaler Raterteilung zur Steuervermeidung bzw. -umgehung und strafrechtlich erheblicher Beihilfe, wenn nicht sogar Anstiftung zur Steuerhinterziehung. Die Rechtsabteilungen der jeweiligen Kreditinstitute werden jedoch sicherlich zuvor abgeklärt haben, ob die Werbung bzw. die zum Teil äußerst erfindungsreichen steuerunschädlichen inländischen Anlagemodelle in steuerlicher und strafrechtlicher Hinsicht unangreifbar waren. Die allgemeine Lebenserfahrung mag dagegen sprechen, daß die Kapitalanleger im Ausland lediglich die (marginalen) Zinsvorteile in Anspruch nehmen und die Einkünfte anschließend ordnungsgemäß versteuern wollten.

Im Wirtschaftsleben - und hierfür soll der Dienstleistungsbereich des Bankgewerbes exemplarisch sein - stellt sich mithin grundsätzlich die Frage, wie diesem von der Rechtsprechung geprägten weiten Beihilfebegriff, der den ansonsten im Strafrecht erforderlichen Kausalzusammenhang zwischen Tathandlung und Taterfolg außer Kraft setzt, eine Grenze zu ziehen ist, denn nicht alle Fälle sind dazu geeignet, über den subjektiven Bereich, d. h. wegen fehlender Kenntnis der Hilfe zur Straftat eines Dritten bereinigt zu werden. Es genügt bereits bedingter Vorsatz, d. h. die billigende Inkaufnahme der möglicherweise erst Jahre später vollendeten Steuerhinterziehung durch Nichterklärung der Zinseinkünfte durch den Bankkunden.

2.2. Äußerlich neutrale Handlungen

Allgemein gefragt: Stellen äußerlich neutrale, berufstypische, geschäftliche Kontakte mit einem Dritten, seien es Privatpersonen oder Betriebsinhaber, also Kontakte als Lieferant, Abnehmer oder Kreditgeber, eine physische oder psychische Beihilfe zu bereits begangenen oder erst zu verwirklichenden Straftaten dar, selbst wenn dem Geschäftspartner das strafbare Verhalten des Dritten bekannt ist, bzw. er es für möglich hält? Zur Veranschaulichung einige Beispiele:

- Leistet der Vertriebsleiter eines Industieunternehmens, der weiß, daß die Unternehmensleitung ständig gegen Umweltschutzbestimmungen verstößt, mit dem Absatz der Produkte physische Beihilfe zu den Umweltstraftaten der Geschäftsleitung?
- Das Zulieferunternehmen A liefert dem Kunden B Materialien, aus denen dieser die Endprodukte herstellt. Ihm ist bekannt, daß B bei der Produktion regelmäßig gegen Umweltstrafbestimmungen verstößt.
- Ein Unternehmen entleiht in einem akuten Personalengpaß Arbeitskräfte, obwohl es die Geschäftsleitung für möglich hält oder billigend in Kauf nimmt, daß es sich um illegale Leiharbeiter handelt, für die der Verleiher keine Lohnsteuer- und Sozialversicherungsbeiträge abführt.
- Unternehmer A schließt mit seinem Geschäftspartner B einen Werkvertrag ab, obwohl er weiß, daß dieser regelmäßig getätigte Umsätze gegenüber dem Finanzamt verschweigt.

Derartige normale und im Geschäftsleben übliche Kontakte mit Dritten als Beihilfe zu inkriminieren, würde bedeuten, daß der beteiligte Geschäftspartner verpflichtet wäre, den Geschäftskontakt abzubrechen bzw. sich von dem erkannten oder erkennbaren strafbaren Verhalten des Dritten bewußt zu distanzieren oder hiergegen zu protestieren.

Ein derartiges allgemeines Gebot zur Verhinderung deliktischer Vorhaben und Handlungen anderer ist dem Strafgesetzbuch (abgesehen von dem Sonderfall des § 138 StGB) jedoch fremd und kann auch nicht aus der allgemeingehaltenen Norm des § 27 StGB geschlossen werden. Die Strafbarkeit einer auf die bloße mittelbare Bestärkung im Tatentschluß gerichteten, äußerlich aber neutralen und durchaus legalen und im Geschäftsleben üblichen Handlungsweise würde einen spezieller gefaßten Tatbestand voraussetzen. Bei sachgerechter Auslegung des § 27 StGB sind allein Mitwirkungsbeiträge mit tatspezifischem Unrechtsgehalt strafrechtlich als Beihilfe zu qualifizieren.

Einerseits hat der Bundesgerichtshof (BGH) z. B. bei einer äußerlich neutralen Handlung (im Streitfall die enge Mitarbeit der Mutter in der Firma ihres Sohnes, der in großem Stile Steuerstraftaten begangen hatte) als psychische Unterstützung dieser Straftaten gewertet[24]. Andererseits stellte der 3. Strafsenat des BGH in einem Urteil vom 13.4.1988[25] fest, daß nicht jede Mitwirkung eines Arbeitnehmers,

"beim Umsatz in Kenntnis der diesem nachfolgenden Umsatzsteuerhinterziehung durch den Steuerpflichtigen als Beihilfe zu dem Steuervergehen zu würdigen sei. Eine für die Wertung als Beihilfe sprechende besondere Sachlage kann aber dann gegeben sein, wenn das ganze Unternehmen, an dem ein Helfer mitwirkt, ausschließlich darauf abzielt, einen Gewinn durch Steuerhinterziehung zu erreichen. In einem solchen Fall kann die dem Umsatzgeschäft nachfolgende Hinterziehung der darauf zu zahlenden Steuern rechtlich nicht losgelöst von jenem betrachtet werden; vielmehr stellt sich das "Umsatzgeschäft" lediglich als eine zur Zielerreichung unerläßliche Vorbereitung der angestrebten Steuerhinterziehung dar."

Im gleichen Sinne hat der 5. Strafsenat des BGH in einem Urteil vom 23.6.1992[26] entschieden, daß der bloße Abschluß von Werk-

---

[24] Vgl. HFR 1985, 429.

[25] Vgl. wistra 1988, 261.

[26] Vgl. NStZ 1992, 498 unter Berufung auf BGH, MDR 1980, 950; MDR 1981, 863; NJW 1982, 1952.

verträgen nicht als strafbare Beihilfe zur Steuerhinterziehung des Geschäftspartners zu werten ist. Ebensowenig ist die - im Beispiel angesprochene - Lieferung von Halbzeug für die Endproduktion eine geeignete, strafrechtlich erhebliche Vorbereitungshandlung zu den strafrechtlich sanktionierten Umweltverstößen des Abnehmers.
Alle diese neutralen, geschäftsüblichen Handlungen verfolgen nicht den primären Zweck der Förderung eines strafrechtlichen Unterfangens, sondern sind aus Sicht des leistenden Unternehmers bzw. Arbeitnehmers o. a. nicht intendierte Nebenaspekte der Geschäftsverbindung, der Berufsausübung o. a. Er fördert als Dritter lediglich nichttatspezifische Handlungen des (Haupt)täters wie beispielsweise die Produktion oder den Absatz von Erzeugnissen eines Betriebes, der Umweltschutzvorschriften verletzt oder regelmäßig getätigte Umsätze steuerlich nicht ordnungsgemäß deklariert. Daß die Begehung von Straftaten - wie es der BGH in der zuvor angesprochenen Entscheidung ausgeführt hatte - vorrangiger Zweck des Geschäftsbetriebes ist bzw. das ganze Unternehmen, an dem der Dritte mitwirkt, ausschließlich auf kriminelle Gewinnerzielung ausgerichtet ist, wird im täglichen Geschäftsleben wohl die unrühmliche Ausnahme sein.

Die Grenze zum tatspezifischen Unrecht ist aber dann überschritten, wenn sich der Täter durch aktive Kooperation in seinem strafbaren Verhalten ermutigt fühlen mußte (so z. B., wenn bei dem Geschäftsabschluß über den strafrechtlichen Hintergrund der Haupttat zwischen den Beteiligten gesprochen wurde). Dasselbe gilt, wenn bereits objektiv erkennbar gegen gesetzliche und mittlerweile in vielen Unternehmensbranchen standardisierte Sorgfaltspflichten, die aus Produkthaftungsgesetzen, Berufsgesetzen oder verwaltungsrechtlichen Bestimmungen resultieren können, verstoßen wird. Um noch einmal auf die eingangs zitierte Verwerfung der Verfassungsbeschwerde der Bank gegen die Durchsuchung durch das Bundesverfassungsgericht zurückzukommen, hat das Verfassungsgericht in der gängigen Buchungspraxis der Bank von Scheckeinlösungen über CpD-Konten einen Verstoß gegen die abgabenrechtlich normierte Pflicht zur Kontenwahrheit nach § 154 AO gesehen. Derartige objektive Gesetzesverstöße bei der Berufsausübung werden von der Rechtsprechung als Indizien gewertet, die den Tatverdacht der Beihilfe stützen[27].

Festzuhalten bleibt, daß unabhängig davon, wie die Begrenzung strafrechtlich erheblicher Teilnahmehandlungen dogmatisch zu begründen ist (Stichworte: Tatbestandsrestriktion, soziale Adäquanz oder erlaubtes Risiko), die Grenze vom sozial akzeptierten und für die Aufrechterhaltung eines funktionsgerechten Geschäftsverkehrs unabdingbaren Verhalten nur bei eindeutigen Handlungen überschritten ist, die auf die Verwirklichung von Straftaten bzw. Ordnungswidrigkeiten gerichtet sind, und die damit (ausgehend vom jeweiligen Straftatbestand) einen tatspezifischen Unrechtsgehalt aufweisen. Nur letztere sind als psychische oder physische Beihilfe- (oder weitergehend Teilnahme-) handlungen anzusehen. Das bloße Wissen um die geplante Deliktsverwirklichung macht den Dritten (Geschäftspartner, Arbeitnehmer o. a.) bei geschäftstypischen, unverfänglichen Handlungen noch nicht zum strafbaren Gehilfen. Dieses Ergebnis wird nicht nur von dem überwiegenden Teil der Strafrechtswissenschaft geteilt, sondern findet Rückhalt auch in der vorbezeichneten obergerichtlichen Rechtsprechung, die freilich für den hier interessierenden Zusammenhang nicht als repräsentativ bezeichnet werden kann. Sie befreit aber nicht von dem Risiko, mit strafprozessualen Maßnahmen überzogen zu werden.

---

27 Vgl. LG Düsseldorf, aaO.

3. Strafrechtliche Verantwortlichkeit innerhalb des Unternehmens

Während im allgemeinen Strafverfahren die Ermittlungsbehörden zumeist vor dem Problem stehen, den Täter einer offenkundig begangenen Straftat ausfindig zu machen, ist der Täterkreis bei unternehmensbedingten Straftaten naturgemäß begrenzt bzw. eingrenzbar auf das für die Unternehmensleitung verantwortliche Management. Problematisch ist neben der Tatermittlung vor allen Dingen der Nachweis der individuellen Verantwortlichkeit für die Rechtsgutverletzung im Unternehmensverband. Von entscheidender Bedeutung ist hierbei die Organisationsstruktur des Unternehmens, die den Ermittlungsbehörden Aufschluß über die gestaffelten Rechtspflichten gibt: angefangen von der unmittelbaren Handlungspflicht des Letztverursachers über die Leitungs- und Kontrollpflichten der zwischengeschalteten Führungskräfte bis zu den Organisations- und Aufsichtspflichten des oberen Managements.

Ohne im einzelnen auf die unterschiedlichen, vielfältigen betrieblichen Organisationsformen eingehen zu wollen, läßt sich in den vergangenen Jahren die Tendenz weg von hierarchisch starr organisierten Unternehmensformen hin zu kooperativen Führungsmodellen feststellen. In einem modernen Großunternehmen liegen die Entscheidungskompetenzen über die betrieblichen Abläufe nicht mehr ausschließlich in der Hand der Unternehmensführung. Führungsaufgaben werden durch Dezentralisation und Kooperation zunehmend arbeitsteilig vollzogen. Ich verweise auf das Modell der Autorisierung von Arbeitsgruppen im Unternehmen.

Mit diesen internen Auflösungstendenzen festgefügter, der direkten Unternehmensleitung unterstellten Abteilungen zu einem lockeren Verband kooperierender Arbeitsbereiche geht die Gefahr einher, daß die Grenzen der Verantwortungsbereiche der einzelnen Unternehmensmitarbeiter verwischt werden. Überspitzt formuliert kann man auch von einer "organisierten Unverantwortlichkeit" in der arbeitsteiligen Wirtschaft sprechen. Für eine verantwortungsbewußte und mit der Organisationsherrschaft ausgestattete Unternehmensleitung ist es daher unerläßlich, für eine stabile interne Organisationsstruktur zu sorgen, die die äußeren Rahmenbedingungen für geordnete Betriebsabläufe durch klare Bestimmung der Aufgabenverteilung, Zuständigkeiten und Verantwortung sowie der Weisungsbefugnisse schafft. Ein dokumentiertes Verantwortungsorganigramm erscheint empfehlenswert. Bei schriftlicher Fixierung der betriebsinternen Verantwortungsstrukturen lassen sich die strafrechtlich relevanten Verursachungs- und Verschuldensbeiträge eher und eindeutiger feststellen. Auf diese Weise werden die nachgeordneten Mitarbeiter verstärkt in die (auch strafrechtliche) Verantwortung mit einbezogen, während es für mit dem Schadensfall selbst nicht befaßte Führungskräfte entlastende Wirkung haben kann.

Praktisch ist es der Unternehmensleitung aber unmöglich, die Mitarbeiter für jeden nur denkbaren Betriebsvorfall durch konkrete Verhaltensmaßregeln und Handlungsanweisungen in die Pflicht zu nehmen. Selbstverständlich kann sie sich nicht im Detail mit einzelnen betrieblichen Vorgängen befassen. Aufgrund der organisatorischen Distanz zum operativen Geschäft muß die Unternehmensleitung um so mehr dafür Sorge tragen, daß durch geeignete Aufsichts- und Kontrollmaßnahmen, insbesondere aber auch durch ein gut funktionierendes Informationssystem zwischen den einzelnen Hierarchiestufen, die Einhaltung der organisatorischen Vorgaben und gesetzlichen Bestimmungen sichergestellt ist.

Daß die Geschäftsleitung eine originäre strafrechtliche Verantwortlichkeit speziell bei Störfällen oder Krisensituationen innerhalb des Unternehmens treffen kann, hat nur zu deutlich die sogenannte Erdal-Entscheidung des Bundesgerichtshofs[28] gezeigt, deren Grundzüge ich bereits im Rahmen des letzten Symposiums näher dargelegt habe und auf die ich an dieser Stelle nur noch einmal insoweit eingehen möchte, als es um die Verantwortlichkeit bei Gremienentscheidungen geht.

Der BGH hatte eine strafrechtliche Haftung sämtlicher Geschäftsführer für das Unterlassen des Rückrufs eines gefährlichen Produkts angenommen, wobei er sich im einzelnen mit vielfältigen Kausalitätsproblemen auseinanderzusetzen hatte. Von besonderer Bedeutung ist die Frage, inwieweit es dem einzelnen Geschäftsführer überhaupt möglich war, eine Mehrheitsentscheidung über den Rückruf des gefährlichen Produkts herbeizuführen. Der herkömmliche Kausalitätsbegriff bei Unterlassungsdelikten konnte hier ersichtlich nicht zum Erfolg führen, weil, so der BGH wörtlich, "nicht auszuschließen ist, daß jeder Geschäftsführer mit dem Versuch, die erforderliche Entscheidung herbeizuführen, am Widerstand der übrigen, den Rückruf ablehnenden Geschäftsführer gescheitert wäre".

Die Schwierigkeiten eines auf den einzelnen Geschäftsführer abstellenden Kausalitätsnachweises hat der BGH durch die Annahme einer "mittäterschaftlichen Verantwortung" sämtlicher Geschäftsführer wegen vorsätzlicher Körperverletzung umgangen. Aufgrund der gemeinsamen und gleichstufigen Verantwortung der Geschäftsführer habe "jeder" der Angeklagten für das Unterbleiben des Rückrufes und die dadurch verursachten Schadensfolgen strafrechtlich einzustehen. "Jeder" Angeklagte müsse sich deshalb die Unterlassungsbeiträge des anderen zurechnen lassen. Nur über die Annahme eines mittäterschaftlichen Unterlassens konnte damit die strafrechtliche Handlungsverantwortlichkeit eines jeden einzelnen Beteiligten begründet werden. Mag

---

[28] Vgl. BGHSt. 37, 106 ff. = NJW 1990, 2560 ff.

diese Zurechnung der strafrechtlichen Verantwortlichkeit über das Institut der Mittäterschaft bei Vorsatzdelikten noch angehen, so sind doch die folgenden Urteilsfeststellungen zur Verantwortlichkeit der Geschäftsführer auch für die bloß fahrlässig verursachten Körperverletzungen durchaus dogmatisch angreifbar.

Bei Fahrlässigkeit scheidet eine Zurechnung der strafrechtlichen Verantwortlichkeit über die Konstruktion der Mittäterschaft bekanntlich aus, da es an einem gemeinsamen Tatentschluß fehlt. In Parallele zur kumulativen Kausalität bei Begehungsdelikten hat der BGH die Einstandspflicht eines jeden Geschäftsführers für das Unterbleiben des Rückrufs und der dadurch verursachten Schadensfolgen auf das rein kriminalpolitische Argument gestützt, allein dieses Ergebnis werde der gemeinsamen und gleichstufigen Verantwortung der Geschäftsführer gerecht. Eine andere Sichtweise würde dazu führen, daß sich letztlich in einer GmbH mit mehreren Geschäftsführern jeder von seiner Haftung allein durch den Hinweis auf die gleichartige und ebenso pflichtwidrige Untätigkeit des anderen freizeichnen könne. Der einzelne Geschäftsführer sei nur dann von der strafrechtlichen Mitverantwortung befreit, wenn er alles ihm Mögliche und Zumutbare zur Erwirkung der gebotenen Vorsorgemaßnahme unternommen habe.

Gefordert wird von dem einzelnen Geschäftsleitungsmitglied damit ein aktives Tätigwerden, um durch geeignete Vorbeugemaßnahmen einen nicht auszuschließenden Störfall und die Folgen einer solchen Krise zu verhindern oder zu mindern.

Festzuhalten bleibt, daß die Feststellung der Kausalität zwischen dem Verhalten einzelner Geschäftsführer und dem Unterlassen einer Kollektiventscheidung die Strafgerichte vor besondere Probleme stellt. Die Grundsätze der Erdal-Entscheidung können hier nur grobe und nicht verallgemeinerungsfähige Kriterien der strafrechtlichen Haftung der Unternehmensleitung in einem Stör- und Krisenfall aufzeigen.

4. Zweites Gesetz zur Bekämpfung der Umweltkriminalität bei Zuwiderhandlungen im Unternehmen

Gerade die vorbezeichneten Schwierigkeiten der Feststellung eines ursächlichen Zusammenhangs zwischen Aufsichtspflichtverletzungen in Unternehmen oder Betrieben und den im Betrieb begangenen Straftaten bzw. Ordnungswidrigkeiten haben den Gesetzgeber mit dazu veranlaßt, im Rahmen des 31. StrafÄndG vom 27.6.1994[29], dem sogenannten Zweiten Gesetz zur Bekämpfung der Umweltkriminalität, durch Art. 2 Änderungen bei den unternehmensrelevanten Bußgeldtatbeständen des allgemeinen Ordnungswidrigkeitenrechts, und zwar bei § 29 OWiG (Einziehung), § 30 OWiG (sogenannte Verbandsgeldbuße) und § 130 OWiG (Verletzung von Aufsichtspflichten), vorzunehmen. Die Änderungen zum allgemeinen Ordnungswidrigkeitenrecht sollen zu einer wirksameren Bekämpfung umweltschädlicher und umweltgefährdender Zuwiderhandlungen im Unternehmen beitragen und den Sanktionsschutz weiter verbessern.

4.1. Verletzung der Aufsichtspflicht in Betrieben und Unternehmen (§ 130 OWiG)

Handlungsbedarf hat der Gesetzgeber vor allem bei der bußgeldrechtlichen Ahndung von Aufsichtspflichtverletzungen in Betrieben und Unternehmen gesehen. Die Vorschrift des § 130 OWiG war bereits wiederholt Gegenstand gesetzgeberischer Reformbemühungen zur effizienteren Bekämpfung der Unternehmensdelinquenz. So wurde bereits mit dem "Zweiten Gesetz zur Bekämpfung der Wirtschaftskriminalität" aus dem Jahre 1986[30]

---

[29] Vgl. BGBl. I, 1440, 1443 f.
[30] Vgl. BGBl. I, 1986, 721.

der bisherige Bußgeldrahmen bei vorsätzlichen Pflichtverletzungen von 100.000,00 DM um das Zehnfache auf 1 Mio. DM angehoben. Die damaligen Vorschläge und Forderungen zur Ausweitung und Ergänzung der allgemeinen Bußgeldvorschrift des § 130 OWiG sind nunmehr, wenn auch nicht in dem Umfang wie vielfach im Gesetzgebungsverfahren und in den Anhörungen vorgeschlagen, in die gesetzliche Neuregelung eingeflossen. Die von seiten der Anwaltschaft und der Industrie- und Wirtschaftsverbände seit längerer Zeit geäußerte Grundsatzkritik an den geplanten Erweiterungen und zusätzlichen Ergänzungen des Umweltstrafrechts und der allgemeinen Vorschriften des OWiG hat keine Beachtung gefunden.

Im einzelnen:
Bekanntlich regelt die Bußgeldvorschrift des § 130 OWiG die Verantwortlichkeit des Geschäftsherrn im Falle der Verletzung der ihm obliegenden Aufsichtspflicht.

Die Tathandlung besteht in dem Unterlassen der gehörigen Aufsichtsmaßnahmen. Der Vorschrift liegt die Überlegung zugrunde, daß der Betriebsinhaber die ihn treffenden betriebsbezogenen Pflichten weitestgehend nicht selbst erfüllt, sondern sie auf die in seinem Betrieb beschäftigten Personen delegiert. "Tatbestandsmäßig" ist allein das vorsätzliche oder fahrlässige Unterlassen der erforderlichen Aufsichtsmaßnahmen zur Verhinderung von straf- oder ordnungswidrigkeitenrechtlichen Zuwiderhandlungen betriebsbezogener Pflichten durch Mitarbeiter des Unternehmens. Die in § 130 OWiG normierte Überwachungspflicht soll damit eine Sanktionslücke schließen, die bei weitgehender Delegation der Verantwortlichkeit hinsichtlich der bußgeldrechtlichen Inhaftungnahme des Betriebsinhabers entstünde. Daraus wird ersichtlich, daß die Regelung des § 130 OWiG die Funktion eines "Auffangtatbestandes" hat. Sie "greift" daher "nicht" ein, wenn der aufsichtspflichtige Verantwortliche im Unternehmen - wie ich es bereits in den vorgehenden Ausführungen erläutert habe - als Täter oder Teilnehmer einer unternehmensbedingten Straftat oder wegen Beteiligung an einer Ordnungswidrigkeit belangt werden kann.

Gerade bei Störfällen, die das Unternehmen insgesamt gravierend beeinträchtigen, wird eine originäre strafrechtliche Verantwortlichkeit der Führungskräfte begründet sein, auch wenn sich deren "Tatbeitrag" allein in dem Unterlassen der organisatorischen Vorkehrungen zur Verhinderung eines derartigen Störfalls (z. B. die Meldung betrieblicher Störfälle an die zuständige Behörde) erschöpft. Derartige grundlegende Organisationsmängel müssen bereits von vornherein in einem verantwortungsbewußt geführten Unternehmen durch festgelegte Krisenpläne und Handlungsanweisungen ausgeschaltet werden. Mit dem subsidiären Tatbestand des § 130 OWiG wird das Haftungsrisiko der betroffenen Führungspersonen erheblich ausgeweitet. Wenngleich vom Unwerturteil her nicht vergleichbar mit einer Straftat, kann die vorgesehene Sanktion, d. h. das Bußgeld bis zu 1 Mio. DM, den betroffenen Aufsichtspflichtigen erheblich mehr belasten als eine wegen einer Straftat verhängte Geldstrafe, die sich zumeist auf eine überschaubare Anzahl von Tagessätzen beläuft.

Zudem stellt § 130 OWiG den typischen Fall einer Dauerzuwiderhandlung dar mit der Folge, daß die Verjährung erst in dem Zeitpunkt zu laufen beginnt, in dem die letzte Zuwiderhandlung beendet ist, auf die sich die Aufsichtspflichtverletzung bezieht. Erst mit der Änderung der mangelhaften Aufsicht ist die Tat i. S. von § 130 OWiG beendet. Dies hat die fatale Folge, daß auf dem Wege einer Bußgeldentscheidung nach § 130 OWiG bereits verjährte zugrunde liegende Straftaten oder Ordnungswidrigkeiten geahndet werden können, denn die Verjährungsfrist für § 130 OWiG beträgt immerhin drei Jahre. Des weiteren kann bereits die fahrlässige Aufsichtspflichtverletzung geahndet werden, obwohl z. B. die Aufsichtsperson, hätte sie die Aufgabenerfüllung nicht delegiert, sondern selbst wahrgenommen, unter Umständen mangels einer entsprechenden Fahrlässigkeitsbestimmung persönlich nicht hätte belangt werden können.

Zu den notwendigen Aufsichtsmaßnahmen gehört zunächst die sorgfältige Auswahl zuverlässiger Mitarbeiter, aber ebenso die sorgfältige Bestellung, Auswahl und Überwachung nachrangiger Aufsichtspersonen. Im übrigen ist die fortlaufende Unterrichtung der Mitarbeiter über die einzuhaltenen gesetzlichen und verwaltungsrechtlichen Bestimmungen und die präzise Aufklärung über den jeweiligen Aufgaben- und Verantwortungsbereich geboten, ebenso wie die ständige und unmittelbare Kontrolle von Mitarbeitern und Betriebsabläufen mit gelegentlichen Stichproben. Die Aufsichtspflicht erhöht sich in dem Maße, als bereits zu einem früheren Zeitpunkt (wiederholt) Verstöße und Zuwiderhandlungen vorgekommen sind oder aufgrund besonderer Umstände (z. B. durch neue Mitarbeiter oder bei Einrichtung neuer Produktionsabläufe) sich für die Zukunft besondere Schwierigkeiten abzeichnen.

Ich komme nunmehr auf die angedeuteten Tatbestandserweiterungen durch das Zweite Gesetz zur Bekämpfung der Umweltkriminalität (2. UKG) zu sprechen: Nach der neuen Tatbestandsformulierung, daß die Zuwiderhandlung "durch gehörige Aufsicht verhindert oder wesentlich erschwert worden wäre" in § 130 Abs. 1 Satz 1 OWiG[31], genügt es nunmehr für die Verantwortlichkeit, daß die Gefahr von Zuwiderhandlungen durch unterlassene Aufsichtsmaßnahmen erhöht bzw. pflichtwidrig nicht verhindert worden ist. Der bisherige, nachträglich schwer feststellbare Kausalzusammenhang zwischen unterlassener Aufsicht und Zuwiderhandlung ist damit gelockert und die Haftung aus § 130 OWiG ausgedehnt worden.

---

[31] Vgl. früherer Wortlaut: "die durch gehörige Aufsicht hätte verhindert werden können".

Der Gesetzgeber hat sich damit ersichtlich der sogenannten Risikoerhöhungslehre angeschlossen, um die in der Praxis bestehenden Beweisschwierigkeiten bei der Feststellung des Kausalzusammenhangs zwischen Aufsichtspflichtverletzung und Zuwiderhandlung zu vermeiden. Als Grund für die Abweichung von dem nach früherem Recht erforderlichen strengen Kausalitätsnachweis verweist der Gesetzgeber ausdrücklich auf die - eingangs erwähnte - extensive Rechtsprechung zur Kausalität der Beihilfehandlung. Ob die damit bezweckte funktionsgerechtere und praktikablere Anwendung des Tatbestandes tatsächlich durch die doch wiederum sehr schwammige Tatbestandsumschreibung gewährleistet ist, mag dahingestellt bleiben. Zukünftig werden möglicherweise andere, gleichwertige Abgrenzungsschwierigkeiten (z. B. wenn eine "wesentliche" Gefahrerhöhung durch unterlassene Aufsichtsmaßnahmen anzunehmen ist) an der Tagesordnung sein.

Die zweite durch die gesetzliche Neufassung vorgenommene Erweiterung betrifft den "Täterkreis" der Vorschrift. Nach früherem Recht waren gemäß Abs. 2 dem Betriebsinhaber (§ 130 Abs. 1 OWiG) gleichgestellt "allein" die organschaftlichen Vertreter einer juristischen Person oder Personenvereinigung, d. h. die obere Leitungsebene, sowie Betriebs- bzw. Zweigstellenleiter (§ 130 Abs. 2 OWiG aF). Daher wurden von der Vorschrift z. B. spezielle Kontrollorgane nicht erfaßt, die für die Beachtung der Aufsichtspflicht nach dem betriebsinternen Organisationsplan verantwortlich sind, und die hierarchisch unterhalb der Vorstandsebene angesiedelt sind. Damit konnte die bußgeldrechtliche Verantwortlichkeit aus § 130 OWiG bislang unter Umständen durch mißbräuchliche Verschiebung der Verantwortlichkeiten auf die unteren Hierarchiestufen dem generalpräventiven Zweck der Vorschrift zuwider unterlaufen werden; durchaus ein Grund für die in der arbeitsteiligen Wirtschaftsorganisation zu beobachtenden sogenannten "organisierten Unverantwortlichkeit".

Um diese Mißstände auszuschließen, wurde der bisherige Abs. 2 ersatzlos gestrichen mit der Folge, daß nunmehr der allgemeine § 9 OWiG und insbesondere dessen Abs. 2 zur Anwendung kommt. Es werden auch selbständig und verantwortlich handelnde Aufsichtspersonen in den Kreis der Normadressaten einbezogen, selbst wenn sie keine Leitungsfunktion innehaben (§ 9 Abs. 2 Nr. 2 OWiG). Voraussetzung ist allerdings, daß die Aufsichtspersonen oder speziellen Kontrollorgane aufgrund einer ausdrücklichen Beauftragung für die Beachtung der Aufsichtspflicht verantwortlich sind. Die bezweckte Gleichbehandlung aufsichtspflichtiger Personen kann daher in der Praxis nur durch ausdrückliche Verteilung der Verantwortlichkeiten in einem Organisationsplan sichergestellt werden.

Es ist zu begrüßen, daß der Gesetzgeber der noch weitergehenden Forderung nach Einführung eines "Straftatbestandes der Aufsichtspflichtverletzung in das StGB" nicht nachgekommen ist. Nach dem (inzwischen durch den Tatbestand der Geldwäsche besetzten) § 261 StGB idF des Referentenentwurfs für die Reform des Umweltrechts sollte strafbar sein,

"wer vorsätzlich oder leichtfertig als Inhaber eines Betriebes oder Unternehmens die Aufsichtsmaßnahmen unterläßt, die erforderlich sind, um ... Verstöße gegen Pflichten zu verhindern, die den Inhaber als solchen treffen und deren Verletzung mit Strafe bedroht ist."

Zur Begründung dieses Vorschlags wurde angeführt, daß die generalpräventive Wirkung der Bußgeldvorschrift des § 130 OWiG nicht ausreiche, um Aufsichtspflichtverletzungen im Zusammenhang mit der Begehung von Straftaten zu verhindern. So sei es nicht mehr als bloßes Verwaltungsunrecht hinzunehmen, wenn eine grob achtlose oder gar fahrlässige Vernachlässigung der Aufsichtspflicht zu strafbaren Pflichtverstößen beitrage. Die Bedenken gegen diese Ausweitung des Strafrechts konnten sich (zumindest vorläufig) durchsetzen[32]. Zudem hat der Gesetzgeber angesichts der größtenteils fahrlässig begehbaren Tatbestände des Umweltstrafrechts keinen Handlungsbedarf gesehen.

4.2. Zur sogenannten Unternehmensgeldbuße (§ 30 OWiG)

Die Bußgeldvorschrift des § 130 OWiG ist auch eine durchaus taugliche Anknüpfungstat für die Verhängung einer Unternehmensgeldbuße (Verbandsgeldbuße) nach § 30 OWiG. § 30 OWiG stellt zur Zeit die einzige Sanktion bei Unternehmensdelikten dar, die gegen das Unternehmen (juristische Person/Personenvereinigung) verhängt werden kann, das selbst nicht handlungs- und schuldfähig im Sinne des Strafrechts sein kann (societas delinquere non potest). Auf den in letzter Zeit wieder in voller Schärfe entbrannten Streit um die Einführung einer - im angloamerikanischen Recht durchaus gängigen - Unternehmensstrafe, die dem deutschen Recht fremd ist, möchte ich an dieser Stelle nicht eingehen. Ich beschränke mich auf die Erweiterung des § 30 OWiG im Rahmen des 2. Gesetzes zur Bekämpfung der Umweltkriminalität (2. UKG). Bislang konnte bei schuldhaftem Verhalten - sei es durch Begehung einer Straftat oder einer Ordnungswidrigkeit - des Organs einer juristischen Person bzw. eines gleichgestellten Vertreters gegen das Unternehmen eine Geldbuße bis zu 1 Mio. DM bei vorsätzlicher Straftat, bis zu 500.000,00 DM bei fahrlässiger Straftat bzw. bei Ordnungswidrigkeiten bis zum angedrohten Höchstmaß der Geldbuße festgesetzt werden. Vorrangiger Zweck der Unternehmensgeldbuße ist die Abschöpfung des wirtschaftlichen Gewinns, den das Unternehmen aus der Anknüpfungstat gezogen hat. Hierzu kann

---

[32] Vgl. eingehend hierzu Kohlmann/Ostermann, wistra 1990, 121

gemäß § 17 Abs. 4 OWiG auch das gesetzliche Höchstmaß überschritten werden.

Die Vorschrift knüpfte daher ausschließlich an die formale Rechtsstellung als vertretungsberechtigtes Organ, Mitglied des Vorstands oder vertretungsberechtigter Gesellschafter an. Mit der konkreten Umschreibung des in Betracht kommenden Personenkreises in dem neu gefaßten § 30 Abs. 1 OWiG kann die Verbandsbuße weitergehend auch an das schuldhafte Verhalten eines Generalbevollmächtigten oder eines Prokuristen oder Handlungsbevollmächtigten einer JP/PV in leitender Stellung geknüpft werden (§ 30 Abs. 1 Nr. 4 OWiG). Der Gesetzgeber ist damit zum Teil den bereits seit längerem erhobenen Forderungen[33] gefolgt, die Mängel des § 30 Abs. 1 OWiG aF zu beseitigen. So war es möglich, mit der Verlagerung der eigentlichen Geschäftsführung auf bestimmte leitende Angestellte die Anwendung des § 30 OWiG aF zu umgehen[34].

§ 30 OWiG aF trug damit nicht der Organisationsstruktur von Unternehmen mit Arbeitsteilung, Delegation und Trennung von Verantwortung, Entscheidung und Handeln Rechnung. Zu einer noch weitergehenden Einbeziehung jedweder natürlicher Personen, die befugtermaßen für die JP handeln, sah sich der Gesetzgeber hingegen nicht veranlaßt[35]. Damit scheiden andere als die in Abs. 1 Nr. 1 - 4 OWiG genannten Personen aus.

Zum Verfahren bei der Festsetzung einer Unternehmensgeldbuße ist noch anzumerken, daß sie sowohl in einem einheitlichen Verfahren, in dem gleichzeitig über die Ahndung der sogenannten Organtat als auch über die Sanktion gegen das Unternehmen ent-

---

[33] Vgl. die Nachw. bei Cramer in KK OWiG, § 30 Rdnr. 18; Göhler, vor § 29a OWiG Rdnr. 17; § 30 OWiG Rdnr. 11.

[34] Vgl. Begr. RegE, BT-Drucks. 12/192, S. 32.

[35] Vgl. Begr. aaO.

schieden wird, festgesetzt werden kann. Gemäß § 30 Abs. 4 OWiG kann die Unternehmensgeldbuße aber auch in selbständigen, und das bedeutet schriftlichen Verfahren festgesetzt werden, unabhängig davon, ob gegen das Organ oder den leitenden Angestellten ein Verfahren wegen einer Straftat oder Ordnungswidrigkeit eingeleitet oder eingestellt worden ist. Für das Unternehmen hat diese Vorgehensweise den Vorteil, daß eine Hauptverhandlung und die damit verbundene negative Publizität vermieden wird.

4.3. Einziehung gegenüber juristischen Personen und Personenvereinigungen (§ 75 StGB; § 29 OWiG)

Auch bei den Einziehungstatbeständen des Straf- und Bußgeldrechts hat das 2. UKG den Anwendungsbereich parallel zu den Änderungen bei § 30 OWiG erweitert. Während bislang für die Einziehung von Gegenständen, die einer juristischen Person oder sonstigen Personenvereinigung gehören, erforderlich war, daß ein Vertretungsberechtigter eine schuldhafte Handlung begangen hat, die ihm gegenüber eine Einziehung zugelassen hätte, reicht es nunmehr aus, daß ein Generalbevollmächtigter oder ein Prokurist oder Handlungsbevollmächtigter in leitender Stellung tätig geworden ist. Auf diese Weise können z. B. umweltschädigende oder gefährdende Betriebsanlagen bzw. Güter als inkriminierte Tatwerkzeuge oder Produkte bei Umweltdelikten der leitungsbefugten Personen eingezogen werden.

Risikomanagement in der Praxis

Beitrag von Dr. Ulrich Widmer, Konzernfunktion Sicherheit und Umweltschutz
der Sandoz AG, Basel

Die Wahrnehmung von persönlichen Risiken ist subjektiv und von verschiedensten äußeren und stimmungsbedingten Einflüssen abhängig. Eine Minimierung von Risiko und Schaden in der Industrie ist aber nur möglich, wenn wir Risiken klar umschreiben und vergleichen können. Innerhalb des "Risk Management" wird oft die Formel R = W x T verwendet, die ein gegebenes Risiko als Produkt der Wahrscheinlichkeit W des Eintreffens und der Tragweite T eines möglichen Ereignisses darstellt. Diese lineare Beziehung ist die einfachste Grundlage für quantitative Risikobetrachtungen.

▶ **Formel: R = W x T**

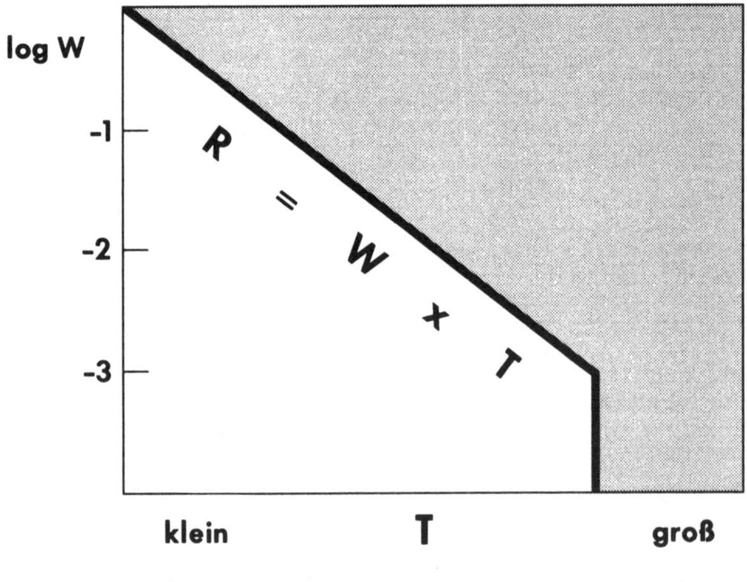

Spätestens seit dem Brand von Schweizerhalle haben wir lernen müssen, daß innerhalb der chemischen Industrie Ereignisse mit großen Auswirkungen (Tragweiten) bei noch so kleiner Wahrscheinlichkeit nicht mehr akzeptabel sind. Graphisch kann dies durch einen Abbruch der linearen Beziehung R = W x T dargestellt werden. Mögliche große Auswirkungen der industriellen Tätigkeit müssen durch einen Abbau von Gefahrenpotentialen reduziert werden! Bei noch so großen Anstrengungen zur Minimierung von Risiko und Schaden bleibt allerdings immer das berühmte Restrisiko bestehen. Es sind daher auch Schadenbegrenzungs- und Schadenbehebungsmaßnahmen vorzusehen. Damit kommen wir in den Bereich des Krisenmanagements.

1. Schweizerhalle 1986 - ein Brand mit weitreichenden Folgen

Das Wort Schweizerhalle ist zum Mahnmal geworden. Der Brand und seine vielfältigen Folgen haben zu grundsätzlichen Fragen und Überlegungen geführt, die zum Teil weit über Sandoz und die betroffene Region hinaus reichen. Nicht selten sind Kompetenz und Glaubwürdigkeit der gesamten chemischen Industrie in Zweifel gezogen worden. Auch wenn die Zeit manches zurecht gerückt hat, was in der ersten Stunde der Betroffenheit geäußert wurde, so bleibt die Tatsache bestehen, daß sich manches seit dem Großbrand vom 1. November 1986 in der chemischen Industrie geändert hat.

Die direkten Folgen des Brandes waren:

- starke Rheinverschmutzung
- schwere psychische Belastung der lokalen Bevölkerung
- internationales Medieninteresse

- heftige öffentliche und behördliche Reaktionen
- materielle und immaterielle Schäden

Lagerbrand bei Sandoz am 1. November 1986 in Schweizerhalle

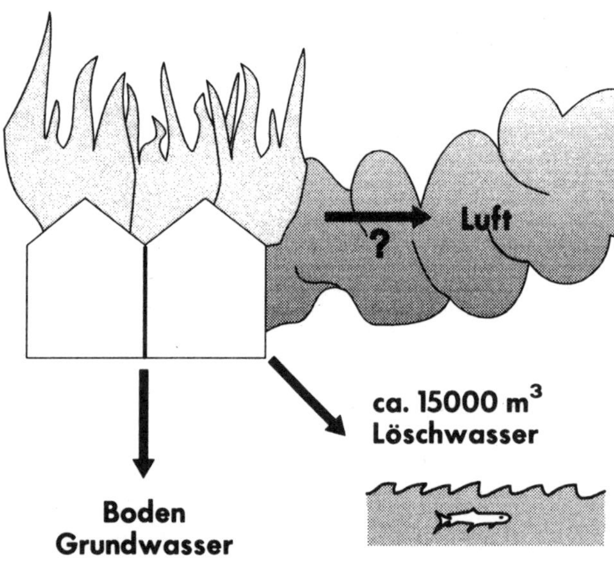

Lager:	90 x 50 x 10 m
Lagergut:	1350 Tonnen Chemikalien (vor allem Pestizide)

Während der Nacht:	160 Feuerwehrleute
Krisenmanagement:	Sandoz-Management/Behörde

Der Sandoz-Konzern hat als Konsequenz dieses Brandes weitreichende Maßnahmen getroffen. Diese lassen sich in drei Kategorien einteilen: Maßnahmen direkt am Schadenplatz und in dessen Umgebung, die innerhalb von Wochen getroffen und realisiert wurden; Maßnahmen zur Behebung materieller und immaterieller Schäden, die mehrere Monate in Anspruch nahmen; Maßnahmen zur Verbesserung von Sicherheit und Umweltschutz, die sich über Jahre erstreckten. Der Rhein erholte sich glücklicherweise rascher als erwartet.

Maßnahmen am Schadenplatz und in dessen Umgebung:

- Große Entsorgungsaktion (3000 Tonnen von chemisch kontaminiertem Schutt)
- Taucher-Einsätze zum Absaugen von Rückständen vom Rheingrund
- Überprüfung von Luftfilteranlagen in der Umgebung auf Ablagerung von Luftschadstoffen: Resultat negativ
- Abklärungen und Simulationsversuche in Zusammenarbeit mit Experten des Sicherheitsdienstes und der Kantonspolizei Zürich
- Großbaustelle zur Bodenreinigung

Maßnahmen zur Behebung materieller und immaterieller Schäden:

- Erledigung von ca. 1000 Schadenforderungen
- Aktionen zur Imageverbesserung des Sandoz-Konzerns
- Einrichtung eines Rheinfonds zur Unterstützung von Umweltforschungsprojekten

Maßnahmen zur Verbesserung von Sicherheit und Umweltschutz:

- Sofortige Produktionsreduktionen auf dem Areal Schweizerhalle
- Verbesserung der Produktesicherheit
- Verbesserung der Prozeßsicherheit

- Verbesserung der Arealsicherheit
- Spezielle Inspektionen aller Lagerbauten
- Neue Konzernrichtlinie "Lagern"
- Inspektionen/Verbesserungen in Werken (22 Anlagen und Lagerräume wurden geschlossen)
- Bau von Rückhaltebecken für Löschwasser von Lager- und Produktionsbauten
- Einführung von drei Standardmethoden zur Risikoanalyse
- Grundsätze und Strategien zum "Local Emergency Management" (LEM)
- Neue Grundsätze und Strategien des Konzerns zu Sicherheit und Umweltschutz

2. Ein konsequentes Lagerkonzept

Der Brand in Schweizerhalle gab einem Unternehmensbereich schlagartig einen völlig neuen Stellenwert: der Lagerung. Eine der ersten Konsequenzen des Großbrandes war deshalb die Ausarbeitung eines neuen Lagerkonzepts. In allen Lagern des Sandoz-Konzerns wurden spezielle Sicherheitskontrollen durchgeführt und die aus dem Großbrand gewonnenen Erkenntnisse innerhalb weniger Wochen in ein neues Lagerkonzept umgesetzt.

Die wichtigsten Punkte dieses Konzepts enthalten: Unterteilung des Lagergutes in zehn Risikokategorien nach Stoffeigenschaften, Lagerung in getrennten Lagerabschnitten (Kompartimentierung), Begrenzung der maximalen Lagermengen, Erweiterung der Schutz- und Löscheinrichtungen, Verbesserung von Lagerübersichten und der Produktedokumentation sowie der Bau von Löschwasser-Rückhaltebecken.

Löschwassereinrichtungen

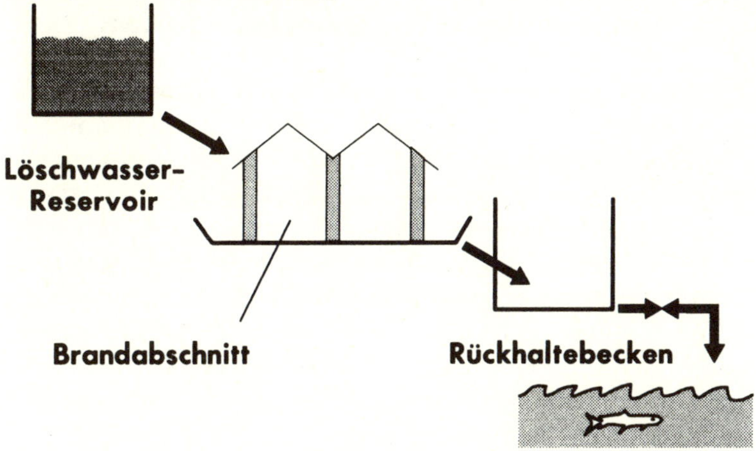

Die Richtlinien des Lagerkonzepts sind aufgrund von Risikoanalysen an die lokalen Verhältnisse anzupassen. Obwohl diese neuen Anforderungen einschneidend sind, sind wir überzeugt, daß nur so eine akzeptable Lagersicherheit gewährleistet werden kann.

Lagerkonzept	Brandmelder	Sprinkler	Minimale Rückhaltevolumen (m^3/t)	Maximale Menge / Brandabschnitt (t)	Maximale Menge je Lagerbau (t)
Explosionsgefährlich	●	▲	3	50	300
Selbstentzündlich	●	▲	5	50	300
Reaktion mit Wasser	●			100	500
Oxydierend	●	▲	5	250	
Flammpunkt unter 56°C	●	▲	3	250	
Brennzahl 4 und 5 (Feststoffe)	●	▲	5	250	
Toxisch/übelriechend	●	▲	5	250	
Druckgase	●	▲	3		
Aerosolpackungen	●	▲	3	250	
Wenig kritisch	●	▲	1	800	

3. "Local Emergency Management": eine konzernweite Krisenorganisation

Zum besseren Verständnis der konzernweiten Krisenorganisation sei hier kurz die Organisation des Sandoz-Konzerns dargestellt. Die Sandoz AG wurde 1990 in eine Holding des Konzerns umgewandelt mit einer Managementgesellschaft, der Sandoz International AG, mit der Sandoz Technologie AG sowie mit sechs unternehmerisch und rechtlich selbständigen Divisionen: Pharma, Ernährung, Saatgut (zusammengefaßt im Kernbereich Life Sciences), Chemikalien, Agro sowie Bau + Umwelt (zusammengefaßt im Kernbereich Chemicals & Environment). Es handelt sich somit um einen stark diversifizierten Konzern, der auch außerhalb der chemischen Industrie tätig ist.

Beim Großbrand von Schweizerhalle machte Sandoz die Erfahrung, daß die Firma vor allem im Hinblick auf die Kommunikation und die Beziehungen zur Öffentlichkeit ungenügend vorbereitet war und die Krise zum großen Teil durch eine Ad-hoc-Organisation bewältigt werden mußte.

Als wichtige Folgeaktion wurde deshalb in allen Divisionen, Gesellschaften und Werken eine einheitliche Organisation für das Local Emergency Management (LEM) aufgebaut, um Ereignisse und andere kritische Situationen zu bewältigen, die ein rasches Eingreifen erfordern und bei denen die Gefahr schädigender Einflüsse auf Mensch, Umwelt, Anlagen oder auf den guten Ruf der Firma besteht. Die Einführung des LEM erfolgte 1989 und ist heute konzernweit abgeschlossen. Hauptziel des LEM ist es, eine effiziente Bewältigung von Krisensituationen, unter Aufrechterhaltung des laufenden Geschäftes, zu ermöglichen.

Das LEM soll insbesondere sicherstellen, daß

- alle geeigneten Maßnahmen getroffen werden, um die Konsequenzen eines Ereignisses möglichst klein zu halten und unter Kontrolle zu bringen;
- ein paralleles Weiterlaufen der Geschäfte während einer Krise ermöglicht wird;
- die Zusammenarbeit mit Behörden und öffentlichen Diensten gewährleistet ist;
- Behörden, Mitarbeiter, Medien, Öffentlichkeit, Aktionäre und andere betroffene Personen rasch, umfassend und präzise informiert werden;
- die notwendigen Maßnahmen ergriffen werden, um eventuell entstandene Schäden wiedergutzumachen.

Ein stufenweiser Aufbau der LEM-Organisation, die vom lokalen Ereignisdienst über LEM-Kernteams, werksweitem, gesellschaftsweitem und länderweitem LEM bis zum konzernweiten Emergency Management führt, ermöglicht auch einen abgestuften, der jeweiligen Situation angepaßten Einsatz. Sobald ein Ereignis Auswirkungen über die Grenzen des Werksareals hinaus hat oder solche zu befürchten sind, wird die LEM-Organisation eingeschaltet.

Das LEM-Kernteam, das sich aus dem Stabschef und den Leitern der LEM-Funktionen zusammensetzt, ist die erste Einsatzgruppe. Seine wichtigsten Aufgaben sind die Lagebeurteilung, die Evaluation potentieller Probleme (besonders hinsichtlich der Gefährdung von Bevölkerung und Umwelt) sowie das Ergreifen von Sofortmaßnahmen. Das Kernteam stellt außerdem die Integration von Ereignisdienst und LEM sicher und schafft die Bedingungen für ein effizientes Funktionieren der gesamten LEM-Organisation. Der Stabschef entscheidet gemeinsam mit der LEM-Leitung, ob das vollständige LEM-Team mobilisiert oder in Bereitschaft gestellt werden soll.

LEM-Aufbau

**Feuerwehr/
Ereignisdienst**

↓

LEM-Kernteam

↓

**LEM-Werk
vollständiges Team**

↓

**LEM-Gesellschaft
oder LEM-Land**

↓

**konzernweites Emergency
Management (CEM)**

Falls das Ereignis durch die aktuell involvierte LEM-Stufe nicht bewältigt werden kann oder falls die Situation eskaliert, fordert der verantwortliche Leiter Unterstützung bei der nächst höheren LEM-Stufe an, indem er den betreffenden Stabschef alarmiert. Auf dieser Stufe entscheidet man dann, in welchem Umfang das vollständige LEM-Team aktiviert werden soll. Dieses Aktivierungsverfahren schließt das Recht und die Verpflichtung des Linienmanagements nicht aus, in seinem Zuständigkeitsbereich das LEM auch selber zu aktivieren.

Dieses Verfahren ermöglicht eine angemessene Mobilisierung der Ressourcen: Im Interesse eines wirksamen und effizienten Emergency Managements soll die Zahl der involvierten LEM-Personen so klein wie nötig gehalten werden.

Wann kommt das LEM zum Einsatz? Grundsätzlich sollen damit jegliche Arten von Krisen in einem Unternehmen bewältigt werden können: konventionelle Unglücksfälle wie Feuer, Explosion, Gasausbreitung oder Transportunfälle, aber auch Probleme mit Produkten oder mit genetisch modifizierten Organismen und schließlich Terrorfälle, auf die die Ereignisdienste nicht entsprechend reagieren können.

Eine LEM-Organisation umfaßt grundsätzlich folgende Funktionen: Leitung, Stabschef, Ereignisdienst, Nachrichten und Dokumentation, Informationsdienst und Logistik. Interne und externe Experten können zusätzlich hinzugezogen werden. Die LEM-Leitung ist für das einwandfreie Funktionieren der LEM-Organisation verantwortlich. Wenn eine LEM-Organisation aktiviert wird, leitet der LEM-Leiter die LEM-Aktivitäten, stellt angemessene Kontakte mit den Behörden sicher und informiert seine Vorgesetzten. Wichtig ist, daß verantwortliche Personen und Stellvertreter bezeichnet und deren Pflichten schriftlich festgehalten sind.

Der Stabschef, der eng mit der Leitung zusammenarbeitet, ist für den Aufbau und die Gestaltung des LEM verantwortlich: Organisation, Instruktion und Ausbildung des Personals, Alarmorganisation, technische Ausrüstung und Sicherheitsmaßnahmen werden von ihm betreut. Im Falle einer Aktivierung des LEM stellt er die Koordination der verschiedenen Funktionen sicher und veranlaßt alle notwendigen Maßnahmen, vorzugsweise in folgender Reihenfolge: erste Situationsanalyse, Durchführung von Sofortmaßnahmen, Evaluation der Situation und möglicher Lösungen, Grundlagenerarbeitung für die von der LEM-Leitung zu treffenden Entscheidungen, Aufgabenzuteilung an die verschiedenen LEM-Funktionen, Evaluation potentieller Probleme und Überwachung der Implementierung.

▶ LEM-Funktionen

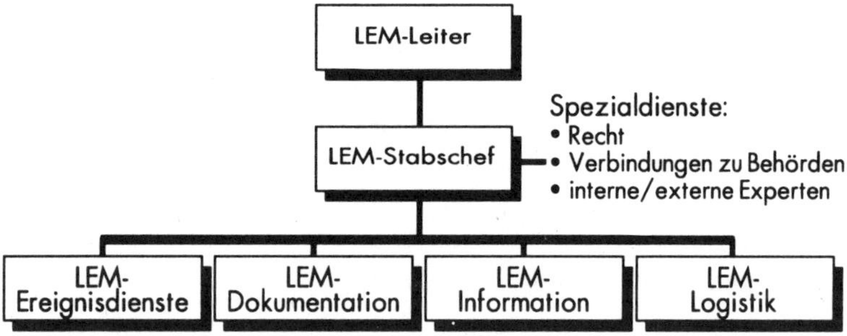

Der Ereignisdienst, welcher die Feuerwehr, den technischen Dienst, die Funktion Betriebshygiene und Umweltschutz sowie einen Teil der Funktion Nachrichten und Dokumentation umfaßt, bildet die operationelle Basis des LEM.

Die Funktion Nachrichten und Dokumentation beschafft, analysiert, verteilt und registriert alle das Ereignis betreffenden Informationen. Als Nachrichtendrehscheibe des LEM stellt sie sicher, daß die übrigen LEM-Funktionen ständig mit aktuellen und zuverlässigen Informationen, auch betreffend Ursache und Vorgeschichte des Ereignisses oder der Katastrophe, versorgt werden. Auch für spätere Untersuchungen ist eine sorgfältige Dokumentation unerläßlich.

Der Informationsdienst stellt in enger Zusammenarbeit mit der LEM-Leitung und dem Stabschef sicher, daß Behörden, Mitarbeiter, Medien, Öffentlichkeit, Aktionäre und andere betroffene Personen rasch, umfassend und präzise informiert werden - dies in angemessenen, in der ersten Phase relativ kurzen Zeitabständen. Dabei gilt die Devise: "Ehrlich, nicht beschönigend, den Tatsachen entsprechend".

Die Logistik schließlich ist verantwortlich für die Einrichtung und den Betrieb des Kommandopostens mit der notwendigen Infrastruktur und für Maßnahmen zugunsten betroffener Personen.

LEM-Logistik

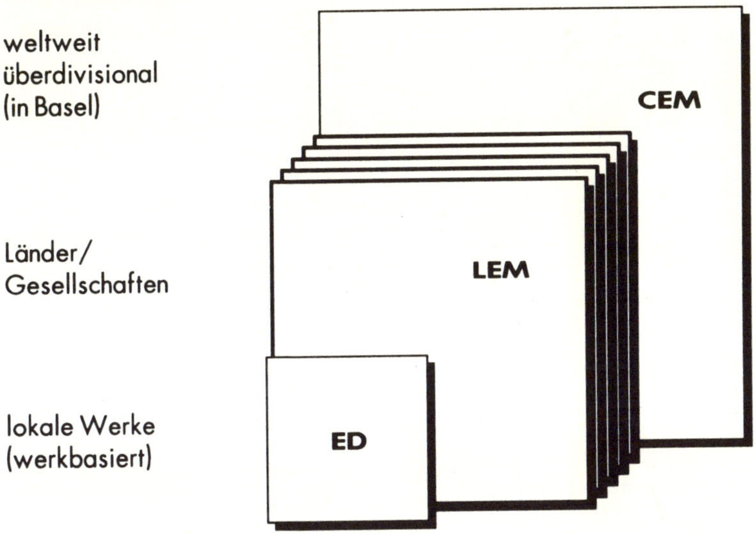

Dieser baukastenartige Aufbau wird auf allen Stufen der LEM-Organisationen angewandt: auf Werks-, Gesellschafts-, regionaler, divisionaler und Konzernebene. Dadurch wird eine hohe Transparenz, Kontrollierbarkeit und Möglichkeit zur Unterstützung einzelner LEM-Organisationen gewährleistet.

Die LEM-Infrastruktur muß der jeweiligen Situation innerhalb der

Werke angepaßt und entsprechend aufgebaut werden. Für chemische Werke zum Beispiel sind gassichere Arbeitsräume vorzusehen. Vorteilhaft sind separate Medien-/Presseräume. Bild- und Filmmaterial sowie Dokumentationsmaterial wie Alarmierungslisten, Informationslisten, Gebäudepläne, geographische Karten, MSDS (Material Safety Data Sheet)-Datenblätter, Produktionspläne und Lagerlisten sowie Zugang zu Computernetzwerken gehören mit zur Infrastruktur.

LEM-Infrastruktur

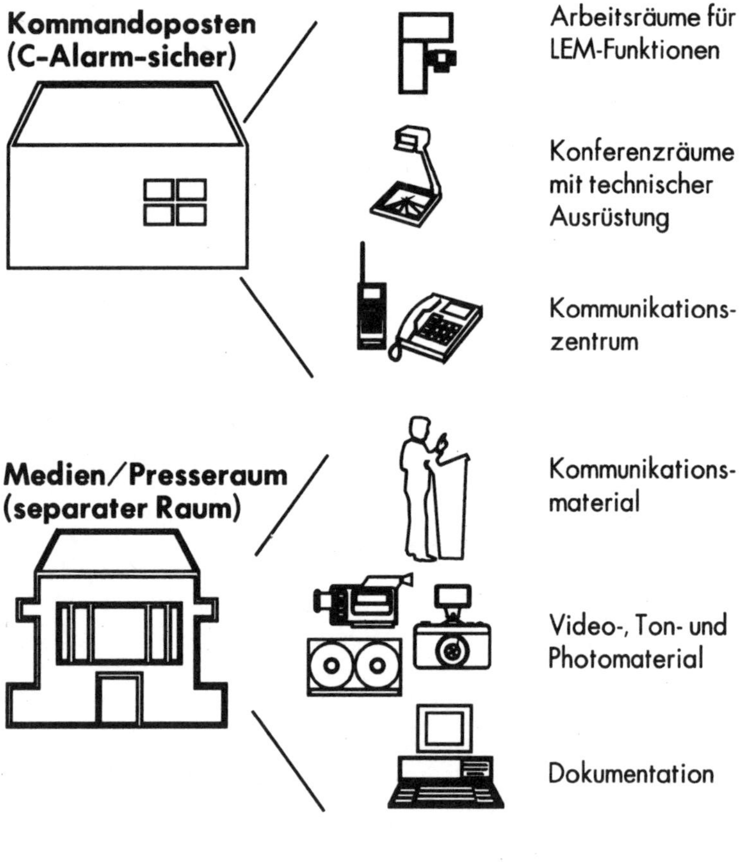

Das LEM umfaßt mehr als nur eine personelle und infrastrukturelle Organisation. Ein permanenter Bereitschaftszustand muß aktiv unterhalten werden. Dazu ist eine Ausbildung durch periodische LEM-Übungen notwendig. Solche Übungen werden in der Regel im 2- bis 3-Jahreszyklus durchgeführt. Die Überprüfung der lokalen

LEM-Vorbereitungs- und Überprüfungsschema ◄

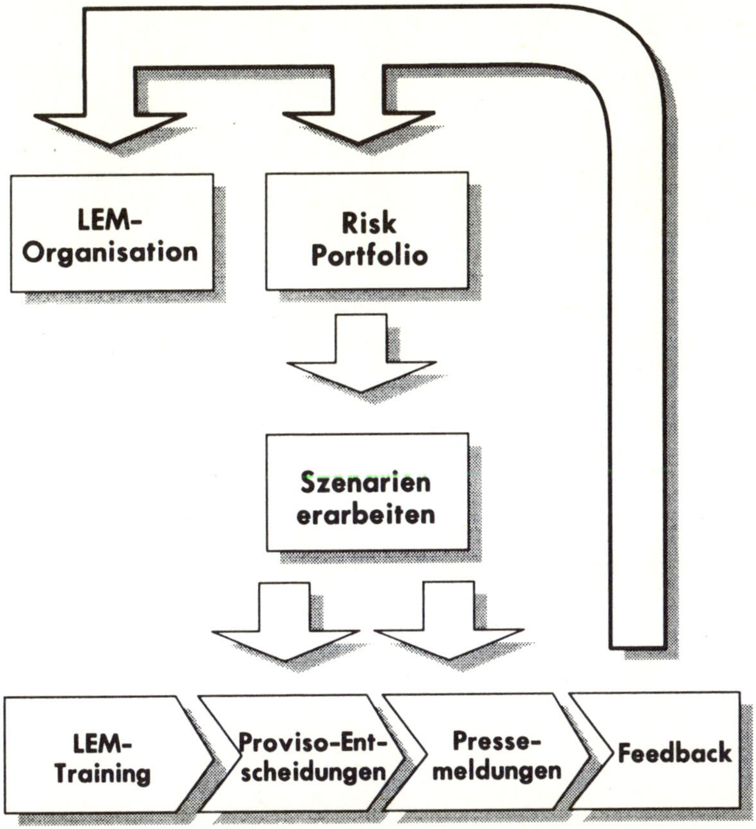

LEM-Organisation und -Infrastruktur erfolgt periodisch durch zentrale Auditoren. Eine wichtige Komponente der LEM-Vorbereitung ist das Erarbeiten von Szenarien, die auf Risikoanalysen und dem Risikoportfolio basieren. Daraus werden dann wiederum Proviso-Entscheidungen (vorbehaltene Entschlüsse) und Pressemeldungen vorbereitet. Dies kann anläßlich von Übungen oder in kleinen Teams erfolgen. Solche Unterlagen können im Falle eines Ereignisses helfen, zweckmäßig und zeitgerecht zu reagieren, insbesondere während der ersten kritischen Stunden.

Im Ereignisfall hat der konzernweite Informationsfluß heutzutage einen besonderen Stellenwert. Es muß sichergestellt sein, daß Konzern- und Divisionsleitung über ein Ereignis schnell und vollständig informiert sind, bevor Informationen durch die Medien in Umlauf gesetzt werden. Im Ereignisfall muß sofort eine Meldung an die Alarmzentrale in Basel gesandt werden. Spezielle Telex- und Telefaxlinien sind dazu bereitgestellt. Innerhalb von 48 Stunden muß anschließend ein vollständiger Report (IFIS) an die Sicherheit- und Umweltschutzabteilung auf Konzernebene gesandt werden. Detaillierte Unfallanalysen werden später ebenfalls zentral gesammelt.

Ziel dieses Informationssystems sind die schnelle Auskunft über Sicherheits-, Umwelt- und Werkschutzereignisse innerhalb des Sandoz-Konzerns. Weiter bezweckt das System die rasche Information über Produktehaftfälle und über größere Unfälle bei anderen Firmen. Es dient schließlich für das Sammeln von Daten (Datenbank), als Basis für Unfallanalysen und Statistiken und zur Verbreitung von Lehren (Learning Lessons).

LEM-Informationssystem

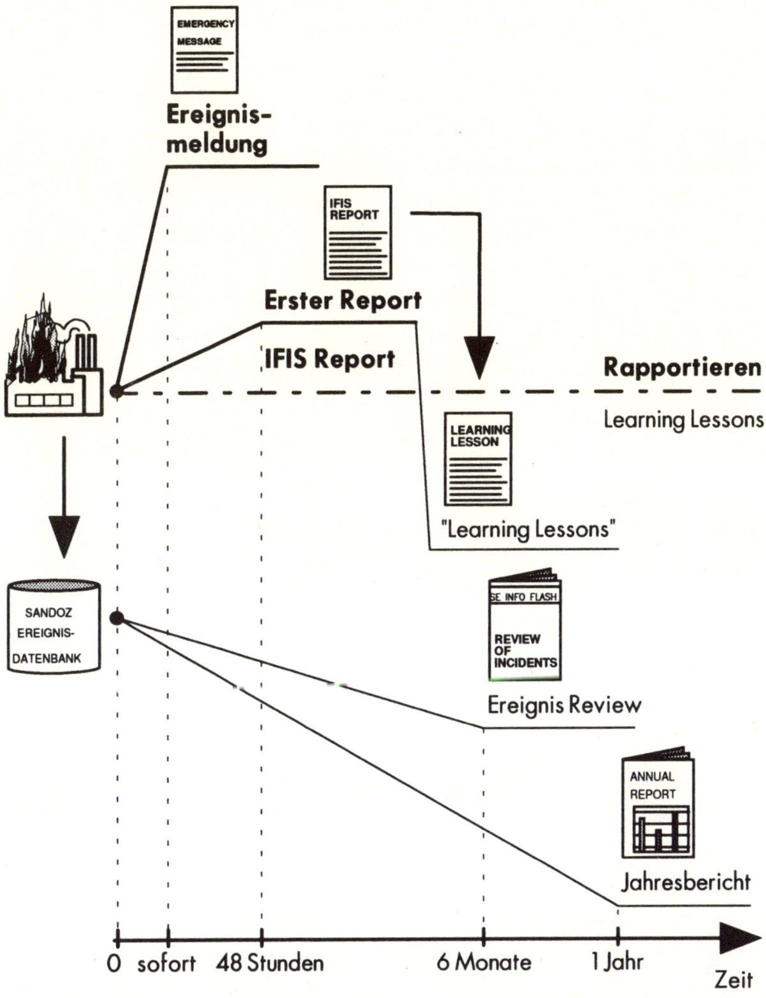

4. Risikomanagement als Teil eines umfassenden Konzepts für Sicherheit und Umweltschutz

Ein "Local Emergency Management" ist nur sinnvoll, wenn es Bestandteil eines umfassenden Sicherheits- und Umweltschutz-Konzepts ist. Solche Grundsätze und Strategien wurden 1988 durch die Konzernleitung verabschiedet. Die Grundsätze legen Verhaltens- und Arbeitsweise von Sandoz fest, um Mensch, Umwelt und Anlagen vor schädigenden Einflüssen zu schützen. Die Strategien folgen diesen Grundsätzen und dienen deren Durchsetzung im Sandoz-Konzern. Sie sind für sämtliche Gesellschaften des Konzerns in allen ihren Funktionen und Aktivitäten verbindlich.

Als Ziel ist in den "Strategien" festgehalten, daß der Sandoz-Konzern im Bereich Sicherheit und Umweltschutz zu den führenden vergleichbaren multinationalen Unternehmen zählen soll. Alle Sandoz-Gesellschaften bemühen sich deshalb um die Gesundheit und Sicherheit der Mitarbeiterinnen und Mitarbeiter, der Kunden und der Bevölkerung sowie um den Schutz der Umwelt. Sie sorgen dafür, daß ihre Produkte sicher und ohne unannehmbare Risiken für die Umwelt hergestellt, gehandhabt, gelagert, transportiert, angewandt und entsorgt werden.

Als Grundsatz gilt, daß eine Tätigkeit nur dann ausgeführt werden darf, wenn dafür eine dem Stand der Technik entsprechende Sicherheit für Mensch und Umwelt gewährleistet ist. Als Entscheidungsgrundlage dienen Risikoanalysen, welche das Zusammenwirken von Mensch, Anlage, Verfahren, Stoffen, Standort, Umwelt und Entsorgung berücksichtigen sollen.

Das Prinzip der ungeteilten Verantwortung besagt, daß die Verantwortung für Sicherheit und Umweltschutz beim Linienmanagement liegt. Die Verantwortung für die Anwendung und Verwirklichung der Grundsätze liegt bei allen Mitarbeiterinnen und Mitarbeitern aller Stufen gemäß deren Funktion, Kompetenzen, Kenntnissen und Ausbildung. Hierbei wird eine gesamtheitliche Betrachtungsweise verlangt, da Sicherheit und Umweltschutz alle Aspekte der industriellen Tätigkeit - von Forschung und Entwicklung, Einkauf, Produktion, Abfallentsorgung und Infrastruktur über Transport, Lagerung, Marketing und Verteilung bis hin zum Störfallmanagement und - in geeigneter Form - zu den vertraglichen Aktivitäten von Drittfirmen einschließt.

Sicherheit und Umweltschutz (S + U) Strategie ◀

- Zuteilung S + U-Verantwortung
- Integration von S + U in Managementziele
- S + U als Qualitätselemente
- Integraler Ansatz
- "Von der Wiege bis zur Bahre"
- Zuteilung der S + U-Kosten
- Risikoanalysen für jede Aktivität

Ein akzeptables Risiko muß im Rahmen des Standes der Technik gewährleistet sein. Als Grundsatz gilt, daß Sicherheits- und Umweltfragen mit derselben Gründlichkeit und Wissenschaftlichkeit behandelt werden, wie sie im Bereich von Forschung und Entwicklung üblich sind.

In einer Risikoanalyse wird das Zusammenwirken von Mensch, Anlage, Verfahren, Substanzen und Umwelt systematisch analysiert. Drei Methoden stehen den Chemikern und Ingenieuren der Sandoz-Gesellschaften zur Verfügung, um ihr Tätigkeitsfeld optimal auf Gefahren hin zu untersuchen: die universell verwendbare "Hazard Analysis"-Methode, die von den "Zürich Versicherungen" auf der Grundlage von Standardmethoden der amerikanischen Armee entwickelt wurde (ZHA); weiter die "HAZOP"-Methode, die vor allem hilft, kritische Abweichungen von Sollwerten bei technischen Anlagen zu finden; schließlich "PRORA", eine Sandoz-eigene Prozeß-Risikoanalyse-Methode, die eine gezielte Untersuchung einzelner chemischer und physikalischer Prozesse in den Bereichen Produktion und Entwicklung mit Checklisten ermöglicht.

Die drei Methoden ergänzen sich gegenseitig. "Hazard Analysis" und "HAZOP" eignen sich vor allem für komplexe Systeme. Prozeßspezifische Informationen aus "PRORA"-Studien können bei komplexen Systemen auch als Basis für die nachfolgende Anwendung von "Hazard Analysis" oder "HAZOP" dienen.

▶ Risikoanalyse-Methoden

Hazard Analysis (ZHA)	• universell anwendbare Methode • Team folgt einer Stichwortliste • System wird von verschiedenen Blickwinkeln aus betrachtet, z. B. gefährliche Eigenschaften, Umgebungseinflüsse, Gebrauch, Alterung • zwingt zur relativen Bewertung der Risiken • setzt Prioritäten bei den risikovermindernden Maßnahmen
HAZOP (**Haz**ard & **Op**erability Study)	• in den sechziger Jahren in England entwickelt • Standardmethode in der chemischen Industrie • wird vor allem zur Beurteilung technischer Systeme verwendet • sucht gezielt nach gefährlichen Abweichungen, z. B. ob eine Substanz in die falsche Richtung fließen kann
PRORA (**Pro**zeß-**r**isiko**a**nalyse)	• von Sandoz-Experten auf Sandoz-spezifische Bedürfnisse hin entwickelt • zur Erfassung und Dokumentation der Risiken einzelner Produktionsabläufe und -prozesse hin entwickelt • Verwendung durch Entwicklungs- und Betriebschemiker • strukturierte Checklisten (Handbuch oder PC) • seit 1993 weltweit im Konzern eingeführt

Risiko-Portfolios bilden ein weiteres wichtiges Element im Risikomanagementsystem. Sie ermöglichen eine Übersicht über die wichtigsten Risiken des Sandoz-Konzerns, dessen Divisionen und Werke, wobei alle Aktivitäten und Geschäftsbereiche berücksichtigt werden. Aufgrund der Risiko-Portfolios wird das Bewußtsein des Kaders für das Risikomanagement gefördert. Diese Portfolios sind eine gemeinsame Basis und ein Führungsinstrument, um die Mittel für eine bestmögliche Reduktion der Risiken optimal einzusetzen. Darüber hinaus ermöglichen sie es, die Fortschritte im Hinblick auf Risikoverminderung im Konzern klar aufzuzeichnen.

Risiko-Portfolios werden von den Werken und Tochtergesellschaften angefertigt und dann zu regionalen, divisionalen und schließlich zu einem konzernweiten Risiko-Portfolio zusammengefaßt. Die Hauptrisiken werden einzeln aufgelistet, und zwar für die folgenden zwei Gruppen: Risiken bei normalem Betrieb und Risiken im Falle eines Ereignisses. Die Risiken werden bewertet und in einer Matrix mit den Achsen "Inhärentes Gefahrenpotential" und "Gegenwärtige Risikokontrolle" eingetragen. Bei dieser Matrix handelt es sich um eine Risikomatrix, da die Achse "Gegenwärtige Risikokontrolle" der abnehmenden Kontrolle oder der zunehmenden Eintreffenswahrscheinlichkeit entspricht, während die Achse "Inhärentes Gefahrenpotential" der Tragweite gleichgesetzt werden kann. Die Größe der Symbole kann beispielsweise die Relevanz für die Unternehmensgeschäfte ausdrücken.

Mit einem Blick können die vorhandenen Risiken überschaut werden. Ziel ist, Risiken aus dem dunkelgrauen Bereich in hellere Bereiche zu verschieben, sei es durch Verbesserungen und Investitionen, sei es durch Aufgabe einer bestimmten Geschäftsaktivität.

Risiko-Portfolio

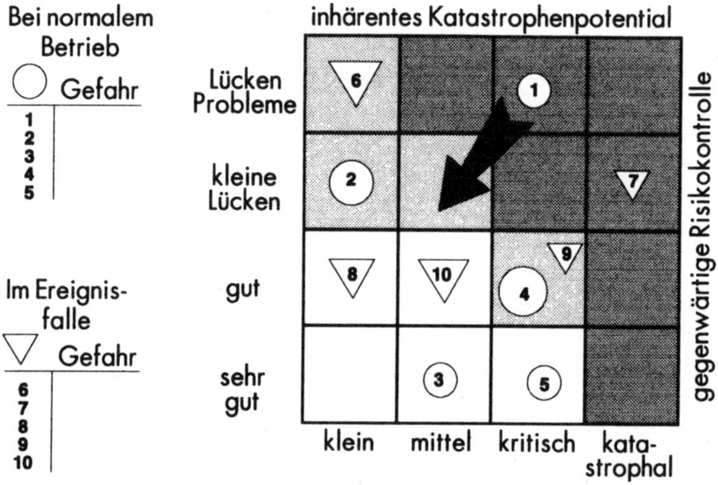

Jedes Managementsystem ist auf Dauer nur funktionsfähig, wenn es eine Kontrollfunktion enthält. Im Falle des Sicherheits- und Umweltschutz-Managementsystems des Sandoz-Konzerns übernimmt das konzernweite Sicherheits- und Umweltschutz-Auditing diese wichtige Funktion.

5. Ausblick

Der Sandoz-Konzern hat die "Charta für eine Langfristig Tragfähige Entwicklung" der Internationalen Handelskammer (ICC) mitunterzeichnet. Damit steht die Firma vollkommen hinter den Grundsätzen des Umweltmanagements und betrachtet den Umweltschutz als vorrangige Aufgabe des Unternehmens. Sandoz sieht Sicherheit und Umweltschutz unter einem erweiterten Blickwinkel, indem das Sicherheits- und Umweltschutz-Management in sämtliche Geschäftsfunktionen und Aktivitäten integriert wird, mit dem Ziel, die Umweltkosten in allen Kosten-Nutzen-Betrachtungen miteinfließen zu lassen. Eine langfristig tragfähige Entwicklung ist eine Entwicklung, die den Bedürfnissen der Gegenwart entspricht, ohne künftige Generationen in ihrer Fähigkeit zu beeinträchtigen, ihre eigenen Bedürfnisse zu befriedigen. Eine solche Entwicklung ist nur möglich, wenn die Umweltkosten im Risikomanagement im Sinne eines erweiterten Blickwinkels mitberücksichtigt werden.

Management und Akzeptanz neuer Risikopotentiale am Beispiel der Gentechnik

Beitrag von Prof. Dr. Helmut Bachmayer, Konzern-Biosicherheit der Sandoz AG, Basel

Die Ausführungen meines Vorredners haben sich mit dem Management von bekannten Risiken beschäftigt. Wie bewerten und kommunizieren wir jedoch das Risiko neuer Technologien? Eine prominente Gen-Kritikerin verglich die Wirksamkeit der heute im Umgang mit gentechnisch veränderten Organismen eingesetzten Sicherheitsmaßnahmen mit einer "Fahrradbremse an einem Jumbojet". Skeptiker prophezeien sogar einen "Gen-GAU" bei fortgesetztem Einsatz der Gentechnologie.

Worin bestehen die heute tatsächlich eingesetzten Sicherheitsmaßnahmen, und wie effektiv sind sie? Was ist die mögliche Tragweite eines größtmöglichen Unfalls, und wie wahrscheinlich ist ein solcher? Können wir die möglichen Auswirkungen dieser neuen Technologie genügend abschätzen, um sie in die Kategorie der akzeptablen Risiken einzustufen? Einige dieser Fragen sollen hier beantwortet werden.

1. Gefahrenpotentiale für verschiedene Anwendungsbereiche der Gentechnik

Im Hinblick auf die Einschätzung des Gefahrenpotentials dieser nach zwanzig Jahren nicht mehr neuen Technologie müssen die verschiedenen Anwendungsarten: "geschlossene Systeme", "Freisetzung" und "Anwendung am Menschen" separat betrachtet werden.

Kontroverse Fragen gentechnischer Sicherheit ◀

- Gibt es qualitativ neuartige Gefahrenpotentiale?
- Gilt das additive oder synergistische Risikomodell bei der Risikobewertung? (Risikopotential (A) ergibt sich aus Eigenschaften des Empfänger-/ Donororganismus und des Vektors (S). Es ergeben sich unerwartete Neben-, Fern- und Wechselwirkungen.)
- Welche Sicherheit ist sicher genug bzw. akzeptabel? ("vertretbares Restrisiko")

Bei allen Arbeiten in "geschlossenen Systemen" (Labor, Glashaus, Produktion) kann auf die jahrzehntelange Erfahrung im Umgang mit natürlich vorkommenden infektiösen Erregern (z. B. human- und pflanzenpathogene Viren), die sogenannte "gute mikrobiologische Arbeitspraxis", zurückgegriffen werden.

Gentechnisch veränderte Organismen (sog. GVOs) werden - ebenso wie natürliche (Mikro)organismen - in vier Risikokategorien eingestuft:

- Gruppe 1: kein Gefahrenpotential (vernachlässigbares Risiko);
- Gruppen 2 bis 4: geringes, mäßiges bzw. hohes Gefahrenpotential für Mensch, Tier oder Umwelt.

Der verwendete Spenderorganismus, der Vektor zur Übertragung der gewünschten genetischen Information und der Empfängerorganismus bestimmen im wesentlichen das Gefährdungspotential des GVOs. Im Einzelfall muß darüber hinaus die bekannte oder vermutete biologische Aktivität des neuen Genprodukts herangezogen werden.

Die parallel zur Risikoklasse der Organismen abgestuften Sicherheitsmaßnahmen enthalten die baulichen und technischen Einrichtungen (physical containment) sowie alle arbeitshygienischen und organisatorischen Maßnahmen.

▶ Definition "BIOHAZARD"

Gefährdung von

menschlicher Gesundheit und/oder Umwelt (Pflanzen, Tiere, Mikrokosmos)

beim Umgang mit

biologischen Agenzien (Bakterien, Pilze, Viren, andere Zellen oder Zellhaufen/-kulturen, Sporen oder gentechnisch veränderte Organismen, den sog. GVOs).

Darüber hinaus wird bei GVOs eine zusätzliche Sicherheitsvorkehrung, die sogenannte biologische Einschließung (biological containment) durchgeführt: es werden, wo immer möglich und sinnvoll, bevorzugt solche Organismen verwendet, die im natürlichen Konkurrenzkampf mit ihren Artgenossen schwerwiegende Selektionsnachteile haben.

Was die verschiedenen Anwendungen in "offenen Systemen" betrifft, (absichtliches Freisetzen bzw. Inverkehrbringen) muß der Abschätzung möglicher ökologischer Folgen besonderes Augenmerk geschenkt werden. Die jeweils einzuhaltenden Sicherheitsvorkehrungen hängen vom Organismus und der Art der veränderten oder eingeführten Gene ab (case by case); auf jeden Fall erfolgt eine Anwendung in Form von größeren Freilandversuchen und schließlich auf kommerzieller Basis erst nach sorgfältiger Austestung im Labor, im Glashaus und in begrenzten und kontrollierten Feldversuchen (step by step).

Bei allen "Anwendungen am Menschen", insbesondere in der somatischen Gentherapie und Gendiagnostik, sind neben den reinen Sicherheitsfragen vor allem ethische Grundsätze zu beachten. Mit Hilfe von Gentechnik hergestellte Arzneimittel (z. B. Humaninsulin) werden darüber hinaus allen üblichen Sicherheitsuntersuchungen wie klinische Erprobung und Chargenfreigabe unterworfen.

Gefahrenpotentiale der Gentechnik ◀

Direkt
- im Labor, in der Produktion
  - Arbeitnehmerschutz
- unbeabsichtigte Freisetzung
- durch das rekombinante Produkt
  - Vakzine, somatische Gentherapie, Nahrung
- beabsichtigte Freisetzung
  - Pflanzen, GMOs
- biologische Waffen

Indirekt
- Produkt (nicht GVO per se)
  - Nebenwirkungen, Technologiefolgen, Sozialverträglichkeit
- Veränderung der Genpools
  - Biodiversity
- Datenschutz
  - z. B. bei Diagnostik
- unterwartete Erkenntnisse
  - "Pandora Box"
- Verschiebung von (Arbeits-)Szenarien
- Monopolisierung
  - z. B. durch Patente

2. Technische, biologische und organisatorische Maßnahmen zur Risikominimierung

Nicht zuletzt bedingt durch die zum Teil negativen Erfahrungen mit der Nukleartechnologie einigten sich die Biowissenschaftler schon kurz nach der Entdeckung der Herstellbarkeit gentechnisch veränderter Organismen auf die Einhaltung selbstauferlegter Sicherheitsbestimmungen für den Umgang mit rekombinantem Genmaterial. Basierend auf diesen Empfehlungen, die vor genau 20 Jahren von international anerkannten Experten an der "Asilomar-Konferenz" erarbeiteten wurden, erließen die amerikanischen National Institutes of Health (NIH) bereits 1976 Richtlinien für den Umgang mit rekombinantem Erbmaterial (sog. NIH-Guidelines). Diese zunächst außerordentlich strengen Bestimmungen wurden mit zunehmender Kenntnis der tatsächlichen Risiken allmählich gelockert. Alle anderen nationalen und internationalen Bestimmungen lehnen sich an die in den "NIH-Guidelines" zusammengefaßten Sicherheitsprinzipien an. So auch die erst 1990 von den Kommissionen der Europäischen Gemeinschaft erlassenen speziellen "Richtlinien" für den Umgang mit gentechnisch veränderten Organismen in geschlossenen Systemen bzw. deren Freisetzung.

In den USA wurde die behördliche Einflußnahme zunehmend zurückgenommen, indem die Entscheidungen bei der Registrierung gentechnischer Arbeiten in niedrigen Sicherheitsstufen an dezentrale lokale Sicherheitsgremien (Institutional Biosafety Committee) delegiert wurden. Für Freisetzungen von ausgewählten transgenen Pflanzen ersetzen "Notifications" die Beantragung von "Permits". Ohne Verlust an Sicherheit wird so der bürokratische Aufwand reduziert und die Entwicklung und der Erkenntniszuwachs beschleunigt. Europa steht, was in diesem Zusammenhang betrifft, erst am Anfang einer Entwicklung. Die als Folge des "White Paper" der EU-Kommission eingeleitete Revision der entscheidenden EU-Richtlinien 90/219 und 90/220 ist hierbei ein wichtiger Schritt in die richtige Richtung.

Wie bei allen anderen Belangen der Produktsicherheit und der Sicherheit in Forschung, Entwicklung und Produktion ist Sandoz auch in Hinblick auf die Biosicherheit auf strenge Einhaltung der jeweils gültigen internationalen und nationalen Richtlinien und Gesetze bedacht. Eine weltweite "Biosicherheits-Richtlinie", die für alle Divisions- und Tochtergesellschaften der Firma gültig ist, faßt die minimalen Auflagen für den sicheren Umgang mit gentechnisch veränderten Organismen und anderem biologischen Material zusammen. Ein speziell für biologische Sicherheit Verantwortlicher leitet diesen Aufgabenbereich, der innerhalb der

Konzernfunktion für Sicherheit und Umweltschutz verankert ist. Dieser wird unterstützt durch lokale "Beauftragte für biologische Sicherheit" in den einzelnen Forschungsinstituten und Betrieben, in welchen mit infektiösem Material oder gentechnisch veränderten Organismen (sog. Biohazard Material) gearbeitet wird.

Arbeiten mit biologischem Material der Risikoklasse 4 werden zur Zeit bei Sandoz nicht durchgeführt. Alle Tätigkeiten mit (gentechnisch veränderten) Organismen der Risikoklasse 3 sowie Freisetzungsversuche werden "vor" deren Aufnahme von firmeninternen Fachgremien (Corporate Biosafety Committee, Field Release Committee) teilweise unter Einbeziehung externer Experten und - wo vorgeschrieben - der lokalen Behörde bezüglich Risikopotential und einzuhaltender Sicherheitsvorkehrungen geprüft. Ein weltweit etabliertes spezifisches "Biosicherheits-Auditsystem" soll die Einhaltung der etablierten Maßnahmen sichern.

Dennoch: Absolute Sicherheit wird es und kann es nirgendwo geben; entscheidend ist die sachliche Erfassung und Abwägung der jeweiligen Risikopotentiale für Mensch und Umwelt. Durch entsprechende Sicherheitsmaßnahmen wird das Restrisiko auf ein akzeptables Maß gesenkt.

3. Risikoakzeptanz unter Berücksichtigung noch unbekannter Risiken mit irreversiblen Folgen

In die Überlegungen zur (objektiven) Risikoakzeptanz gentechnischer Prozesse und der Verwendung auf dieser Grundlage hergestellter Produkte sind zunächst die bekannten Effekte einzubeziehen. Für die subjektive und kollektive Akzeptanz des vertretbaren Restrisikos sind zusätzlich die insbesonders von Nichtfachleuten befürchteten unmeßbaren Auswirkungen zu berücksichtigen: bei Anwendungen dieser neuen Technologie könnten langfristig, teilweise derzeit noch unbekannte Risiken mit zwar geringer Eintrittswahrscheinlichkeit, aber im Fall des Ereignisses unter Umständen schweren irreversiblen Folgen beobachtet werden. Die Gentechnik ermöglicht - anders als die Vorgänge im Verlauf der Evolution - die gezielte und effiziente Veränderung des genetischen Materials und dessen Transfer über die Artenschranken hinweg.

▶ Ziel der Biosicherheit ist der Schutz von Mensch und Umwelt

Beabsichtiger Umgang	• geschlossene Systeme · Labor, Produktion, Glashaus • Freisetzung von Pflanzen und GMOs • Anwendung von Produkten
Zwischenfälle	• ungeplante Freisetzung und Ausbreitung • Arbeitsunfälle • unerwünschte Nebenwirkungen
Mißbrauch	• biologische Waffen • falsche Verwendung von Produkten und Daten

Offene Fragen in diesem Zusammenhang sind:

- Wie wirken sich die Veränderungen des Genpools auf Mensch und Umwelt aus (Pflanzen, Tiere, Mikrokosmos, Mensch)?
- Kommt es zu synergistischen oder nur additiven Auswirkungen?

Das Dilemma und - zumindest aus der Sicht des Autors - zugleich auch der Lösungsansatz: Die tatsächlichen Auswirkungen sind nicht mit absoluter Sicherheit vorhersehbar, sie sind nur bei genügend langer Beobachtung im Rahmen wissenschaftlich fundiert aufgebauter und ausgewerteter Studien erhebbar. So konnte z. B. experimentell gezeigt werden, daß gentechnisch veränderte Pflanzen nicht in der Lage sind, ihre wilden Artgenossen zu überwuchern oder sich ökologische Nischen einzurichten, wie von Kritikern postuliert.

Restrisiko

"In der Gestaltung der Sozialordnung bei der Abschätzung von Risiken haben Maßstäbe der praktischen Vernunft zu gelten. Mehr zu fordern hieße, die Grenzen menschlichen Erkenntnisvermögens ignorieren zu wollen. Ungewißheiten jenseits dieser Schwelle sind unentrinnbar, und daher als sozialadäquate Lasten von allen Bürgen zu tragen."
(Bundesverfassungsgericht der BRD, 1978)

Bis heute gibt es weltweit keinen einzigen dokumentierbaren Zwischenfall mit Schädigung von menschlicher Gesundheit oder der Umwelt, der zweifelsfrei kausal mit der Gentechnik als Verfahren oder den damit hergestellten Produkten in Zusammenhang gebracht werden kann.

Zwei von Gegnern und Kritikern häufig angeführte Beispiele solcher Zwischenfälle seien hier dennoch kurz erörtert:

- Vor einigen Jahren wurden am Pasteur-Institut in Paris bei Beschäftigten einzelner Arbeitsgruppen eine Häufung bestimmter Krebserkrankungen beobachtet; Nachforschungen ergaben, daß kein Zusammenhang mit der Gentechnik per se besteht; als mögliche Ursachen werden die Verwendung von mutagenen chemischen Substanzen oder das Arbeiten mit dem natürlich vorkommenden Tumorvirus SV40 diskutiert.
- Eine japanische Firma hat bei der fermentativen Produktion der natürlichen Aminosäure Tryptophan den Prozeß auf einen gentechnisch veränderten Produzentenstamm umgestellt. In der Folge wurden gesundheitliche Schädigungen und Todesfälle gemeldet, die offenbar mit der Einnahme dieses Tryptophan-Präparats in Zusammenhang standen. Extensive Untersuchungen der US-Gesundheitsbehörde FDA konnten klar zeigen,

daß die Nebenwirkungen mit Verunreinigungen in den neuen Tryptophan-Chargen zu tun hatten. Wie bei jeder anderen Änderung eines biotechnologischen Herstellungsverfahrens, wäre auch hier eine sorgfältige Validierung des neuen Prozesses und eine Analyse des Endproduktes notwendig gewesen. Diese Untersuchungen der FDA zeigten darüber hinaus, daß auch das konventionell hergestellte Tryptophan bei Verabreichung höherer Dosierungen toxische Effekte nach sich zieht.

4. Risikomanagement: Risikoanalysen und Risikokommunikation

Neben der Implementierung der technischen, organisatorischen und biologischen Sicherheitsmaßnahmen nach dem jeweiligen Stand der Technik werden bei den verschiedenen Anwendungen der Gentechnik in Forschung und Produktion auch Risikoanalysen eingesetzt.

▶ Gefahrenanalyse und Folgenabschätzung

- wissenschaftliche Erkenntnisse
  - Möglichkeiten
  - Risiken für Mensch und Umwelt
  - andere potentielle Probleme
- technische Problemlösung
  - Sicherheitsmaßnahmen
  - Minimierung des Restriskikos
- ethische, soziale und politische Dimension
  - Sozialverträglichkeit
  - ökonomische Auswirkungen (lokale und globale)

Das für diese Anwendungen bewährteste Instrument ist eine der verschiedenen vom U.S. Military Standard "Preliminary Hazard Analysis" abgeleiteten allgemeinen Gefahrenanalysen.

Problematisch sind in einzelnen Fällen die Abschätzung der zu erwartenden Folgen (Was ist als katastrophal einzustufen?) sowie die Festlegung des akzeptablen Risikoprofils. Mit der Erarbeitung von "Worst-Case-Szenarien" soll der Versuch unternommen werden, neue, unbekannte und langfristige Auswirkungen einzuschließen und präliminar zu bewerten.

Positionspapiere zur Technologie per se und zu einzelnen Anwendungen der Gentechnik sollen die interessierte Öffentlichkeit über die grundsätzlichen Überlegungen des Betreibers, über die etablierten Sicherheitsstandards - aber auch über das fallweise vorhandene Restrisiko - informieren. Ziel dieser Informationsarbeit ist die konstruktive Beeinflussung des kollektiven Risikobewußtseins durch eine sachlich begründbare Annäherung des wahrgenommenen Risikos an das tatsächliche bzw. vorhergesagte Risiko.

5. Notfallmaßnahmen (Einbindung in LEM-Organisation und -Strategien)

Selbstverständlich sind beim Umgang mit biologischem Material für alle vorhersehbaren Unfälle und Betriebszwischenfälle technische und organisatorische Sicherungs- und Rettungsmaßnahmen zu etablieren. Das "Local Emergency Management" (LEM) enthält alle Aspekte der Kommunikation im Krisenfall. Vorausschauend erarbeitete "Stand-by-Statements" erleichtern die zeitgerechte Erarbeitung von Informationsstrategien für den aktuellen Anlaß.

Zwei Zitate zum Schluß meiner Ausführungen:

- "Our corporate conduct in the 1930s and 40s was found to be judged by the attitude of the 1970s and 80s". (W. Thomas Stephens, CEO der Manville Corp., 1992, bezugnehmend auf die Herstellung und Verwendung von Asbest).
- " ...langjährige Erfahrung - mindestens 15 Jahre Unfallfreiheit - macht plausibel, daß der gentechnische Unfall kein Alltagsereignis ist ...; ...im Bereich der Restrisiken, d. h. jener Risiken, deren Eintritt so unwahrscheinlich ist, daß sie nach dem Maßstab der praktischen Vernunft hinzunehmen sind." (juristische Bewertung vor Verabschiedung des Deutschen Gentechnikgesetzes).

Risikokommunikation – Herausforderung für die Unternehmenspolitik

Beitrag von Dr. Hermann Krämer, Mitglied des Vorstandes der Veba AG, Düsseldorf

Viele Unternehmen müssen sich heute in einem stark veränderten Umfeld bewähren, in dem sie sich neben den herkömmlichen wirtschaftlichen Herausforderungen neuen Risiken stellen müssen. Risiken, die sich aus einem Wertewandel in unserer Gesellschaft ergeben und viele Unternehmen zu einem neuen Verhalten zwingen.

Ich will in meinen Ausführungen anhand von konkreten Beispielen zunächst darlegen, was ich mit diesen neuen Risiken meine und worin nach meiner Auffassung die Ursachen dieser Risiken liegen. In einem weiteren Teil werde ich ausführen, wie die Unternehmen, die von diesen Risiken betroffen sind, darauf reagieren. Schließlich gehe ich auf die Zielkonflikte ein, die sie dabei zu bewältigen haben.

1. Neue Risiken: die öffentliche Diskussion

Wir alle erinnern uns an den Störfall in Seveso. Dies war zweifellos ein schwerer Störfall, bei dem erstmals das Gift Dioxin in das öffentliche Bewußtsein getreten ist. Objektiv gesehen hat dieser Störfall aber bei weitem nicht die Dimension gehabt, die er heute in der öffentlichen Diskussion noch immer besitzt. Dieser Störfall hat Emissionsgrenzwerte für Dioxin nach sich gezogen, die so niedrig gesetzt wurden, daß z. B. für eine große Müllverbrennungsanlage Werte vorgeschrieben werden, die den von einem offenen Eigenheimkamin ausgehenden vergleichbar werden. Wer nun geglaubt hatte, dies würde zu einer Beruhigung der Diskussion führen, sah sich getäuscht. Selbst Anlagen mit extrem niedrigen Emissionswerten finden keine Akzeptanz. Sie werden vielmehr weiterhin heftig bekämpft und erhalten unter dem Druck der Öffentlichkeit nur in Ausnahmefällen eine Baugenehmigung.

Ein anderes Beispiel ist der Brand bei der Chemiefirma Sandoz, bei dem zusammen mit dem Löschwasser größere Mengen Giftstoffe in den Rhein geflossen sind. Auch dieser Störfall hatte eine spektakuläre Resonanz. Es entstand der Eindruck, daß der Rhein für alle Zeiten vergiftet sei. Nie hat es eine öffentliche Entwarnung für diesen Störfall gegeben. Sie wäre angebracht gewesen, denn jedermann weiß, daß die danach entstandenen Belastungen des Rheins längst beseitigt sind. Eine Vielzahl von Fischsorten belegt im übrigen, daß der Rhein heute in einem weit besseren Zustand ist als vor dem Störfall von Sandoz. Für die Firma Sandoz geriet dieses Ereignis gleichwohl zu einem erheblichen Imageschaden, der weit über den tatsächlichen Schaden hinausging.

Die Diskussion um die Schweinepest und den Rinderwahnsinn ist Ihnen ebenfalls präsent. Auch diese Fälle will ich in keiner Weise herunterspielen. Man muß sich aber in die Lage der Bauern versetzen. Sie müssen erleben, wie ein auf öffentlichen Druck politisch verhängter europaweiter Einfuhrstopp sie an den Rand ihrer Existenz bringt, ohne daß es den Nachweis für eine Gefährdung beim Verzehr des von ihnen gelieferten Fleisches gibt.

Das Thema Kernenergie ist ebenfalls in diesem Zusammenhang anzusprechen. Lange vor Tschernobyl - und ohne davon Kenntnis zu nehmen, daß die Kernenergie in unserem Lande eine herausragend gute Performance hat und noch immer zu den sichersten und saubersten Verfahren der Energieerzeugung zählt -, ist diese Technologie im öffentlichen Bild zu einer Untechnologie geworden. Das Wort Plutonium hat ein Image, das dem der Pest an Häßlichkeit nicht nachsteht.

Für Menschen und Unternehmen, die von solchen Vorgängen unmittelbar betroffen sind, ist dies eine sehr schwierige Herausforderung. Wie dargestellt, oft ein Risiko für ihre Arbeitsplätze.

2. Ursachen

Was sind die Ursachen? Warum reagiert die Öffentlichkeit in jüngerer Zeit so heftig auf solche und ähnliche Ereignisse? Ich sehe vor allem zwei Gründe:

- Mit wachsendem Wohlstand in den westlichen Industrieländern, unterstützt durch die inzwischen weitreichende Arbeitsteilung, ist vielen Menschen die Wirklichkeit an einem Produktionsstandort teilweise aus dem Bewußtsein entschwunden. Viele wissen heute gar nicht mehr, was Produktion für Voraussetzungen hat. Beispielsweise kennen wir alle den bekannten Satz: Wir brauchen keine Kraftwerke, bei uns kommt der Strom aus der Steckdose. Aus diesem fehlenden Bewußtsein heraus hat sich eine Einstellung zum Leben entwickelt, die möglichst keine weiteren Veränderungen an unserer Umwelt zuläßt und die eine Reduzierung aller Risiken möglichst gegen null fordert.
- Den zweiten Grund sehe ich darin, daß diese Forderungen heutzutage sehr rigoros und mit allen Mitteln der modernen Kommunikation vorgetragen werden. Die teilweise gesetzwidrigen Ausschreitungen stoßen dabei auf keinen nennenswerten Widerstand des Gesetzeshüters, finden aber massive Unterstützung bei den Medien, die aus diesen Auseinandersetzungen ihren eigenen Honig saugen. In der Öffentlichkeit entsteht dadurch ein verzerrtes Bild unserer Wirklichkeit, das, wenn auch sicher ungewollt, die genannten verheerenden Wirkungen auslöst.

Weitere Folge davon ist eine tiefe Verunsicherung der Politik, die darauf mit kurzsichtigen, opportunistischen Regelungsaktivitäten reagiert. Wir haben heute in fast allen Bereichen eine so hohe Vorschriftendichte, daß der Handlungsspielraum seitens der Betreiber entscheidend eingeschränkt ist, ja teilweise nicht mehr besteht. Viele sagen, daß genau dies das Ziel war, um weitere Eingriffe in die Natur zu verhindern und sozusagen einen "Selbstheilungsprozeß" in Gang zu setzen.

Ich sehe hierin einen fundamentalen Irrtum. Biologen sagen, daß unser Globus nur eine bestimmte Anzahl von Menschen (wahrscheinlich 2 - 3 Mrd.) erträgt, ohne daß die Natur allein aufgrund der bloßen Existenz des Menschen gefährdet wird. Diese Grenze ist längst überschritten. D. h. wir können und wir dürfen die Natur nicht mehr sich selbst überlassen, wie das heute schöngeistig gefordert wird, sondern müssen ihr helfen. Und wir müssen - solange die Menschheit weiter wächst - jeden Tag größere Anstrengungen unternehmen, die Natur zu unterstützen. Dies geht nur mit Technik, niemals gegen die Technik. Der oft zitierte Satz, daß der Mensch nicht alles tun dürfe, was er kann, hat in diesem Lichte eher anders herum Sinn, nämlich wie Prof. Büschel es formulierte: Der Mensch kann heute gar nicht so viel tun wie er müßte, um die Welt zu retten.

Es ist zu befürchten, daß diese Botschaft nach wie vor weitgehend überhört wird. Der weiter steigende Anteil der Grünen bei Wahlen zeigt, daß der vor 15 Jahren eingeleitete "Selbstheilungsprozeß", so wie ich ihn eben beschrieben habe, wohl noch weitergehen wird, und daß eine Wende nicht in Sicht ist. Das bedeutet, daß sich Unternehmen trotz eines Rückgangs der noch bis vor wenigen Jahren weit verbreiteten Technikfeindlichkeit in der näheren und mittleren Zukunft auf eine "Umwelt" einstellen müssen, die ihre Produkte oder Produktionsverfahren nicht ohne weiteres akzeptieren oder sogar gegen sie Widerstand leisten wird.

3. Wege im Umgang mit den neuen Risiken

Was heißt das für die Unternehmen? Wie wollen oder wie sollten sie reagieren?

3.1. Defensiver Weg

Für die Unternehmen gibt es, wie ich meine, zwei grundsätzliche Wege, um sich dieser Herausforderung zu stellen: den defensiven und den offensiven Weg. Der defensive erscheint auf den ersten Blick als der leichtere. Er besteht darin, bestimmte Produkte, die heute Akzeptanzprobleme haben, durch andere zu ersetzen oder ganz auf sie zu verzichten. Viele Unternehmen helfen sich damit, daß sie bestimmte Produktionsverfahren in andere Regionen mit höherer Akzeptanz verlagern. Ich will hierfür einige Beispiele nennen:

Der Kunststoff PVC (Polyvinylchlorid) ist ein Werkstoff mit hervorragenden Eigenschaften, der vielfältigst eingesetzt werden kann. Das Anwendungsspektrum reicht von der Medizin bis zum Hausbau (z. B. Fenster). PVC ist aber auch ein Werkstoff, der sich entgegen der öffentlichen Vermutung vernünftig recyceln läßt. Und darüber hinaus ein Werkstoff, der in der Bundesrepublik immer noch Tausenden Arbeit und Lohn gibt. Da dieser Werkstoff auf Chlorbasis hergestellt wird, steht er für die Öffentlichkeit heute auf der schwarzen Liste. Der Stadtrat von Frankfurt, in dessen Verantwortungsbereich immerhin auch Hoechst, einer der größten PVC-Hersteller, liegt, hatte vor geraumer Zeit beschlossen, daß aus den öffentlichen Gebäuden der Stadt PVC verschwinden müsse. Fairerweise muß ich hinzufügen, daß dieser Beschluß inzwischen partiell revidiert wurde. Die Diskussion um PVC hält aber an. Und ich weiß, daß viele Unternehmen heute vor der ernsthaften Frage stehen, ob sie diesen Werkstoff künftig überhaupt noch produzieren werden. Andererseits kann PVC heute bei bestimmten Anwendungsfällen noch gar nicht substituiert werden kann, wie z. B. in der Medizin.

Ein anderes Beispiel. Wir haben bei Veba das Chemieunternehmen Hüls, das - wie alle Chemieunternehmen - Reststoffe aus der Produktion über den Abwasserstrang, d. h. über einen Vorfluter, entsorgt. Dabei ist klar, daß heute das Abwasser vor dem Vorfluter in aufwendigen Kläranlagen extrem gereinigt wird. Da trotz umfangreicher Meßeinrichtungen aber nicht ausgeschlossen werden kann, daß bei einem Störfall kurzfristig Schadstoffe den Vorfluter passieren können, denkt unser Unternehmen seit Jahren - mit Blick auf die in einem solchen Fall einzugehende öffentliche Diskussion - ernsthaft darüber nach, auf den Vorfluter ganz zu verzichten, die Abwässer also ständig zu recyceln. Das kostet außerordentlich viel Geld und wird damit unmittelbar wettbewerbsrelevant.

Ein weiteres Beispiel. In der Nachbarschaft meiner Privatwohnung gab es eine Kiesgrube, die inzwischen ihre Arbeit eingestellt hat. Der Druck aus einem Teil der Bevölkerung gegen den Lkw-Verkehr, der mit dem Betrieb der Grube natürlich verbunden ist, wurde zu groß. Obgleich der Grubeneigner alle einschlägigen Gesetze stets eingehalten hatte, hat ihn eine relativ kleine aber aktive Gruppe - aus Sorge um die Sicherheit ihrer Kinder - zum Betriebsstopp gezwungen. Dies ging mit dem Verlust einiger hundert Arbeitsplätze einher.

Ich habe bewußt einige sehr krasse Beispiele ausgewählt. Natürlich gibt es eine große Zahl von Fällen, in denen Produkte, die ökologisch in die Diskussion gekommen sind, inzwischen durch andere ersetzt worden sind. Das gilt im hohen Maße für fast alle Farbstoffe, für Waschmittel, für Reinigungsanlagen bei Kraftwerken und bei vielen gewerblichen Unternehmen. Für viele weitere Produkte gibt es aber heute noch keinen Ersatz oder dieser könnte aus ganz anderen Gründen ebenso fraglich werden. Wenn wir in allen Fällen wie beispielsweise Freogen defensiv zurückweichen, wird das am Ende die Frage des Standortes Bundesrepublik berühren. Niemand kann sich bei unserer starken Tradition im Produktionsbereich vorstellen, daß Deutsche im wesentlichen nur von Dienstleistungen, d. h. von Bank und Versicherungsgeschäften, leben.

Das herausragende Beispiel für Verlagerung von Produktionsstätten ist im Bereich der Gentechnik zu finden. Aus Sorge vor einer übernervösen öffentlichen Debatte, die die Gentechnik auf die Ebene des Homunkulus reduziert hat, wurde vom Gesetzgeber ein Regelwerk geschaffen, das anfangs eng geknüpft war. Es ließ den großen Unternehmen, die sich auf diesem neuen High-Tech-Gebiet betätigen wollten, praktisch keinen Spielraum. Inzwischen sind Lockerungen eingetreten. Aber die Unternehmen sind bereits mit ihren Aktivitäten ins Ausland, insbesondere nach den USA, gegangen. Die Folgen für die Entfaltungsmöglichkeiten dieses zukunftsträchtigen Gebietes in Deutschland kann man sich leicht vorstellen.

Ich bin kein Freund der hier vorgetragenen defensiven Strategie. Sie ist dennoch Realität und wird es, so fürchte ich, auf absehbare Zeit bleiben. Um so wichtiger ist es, daß wir auch offensive Strategien entwickeln. Ich meine damit Strategien, die die genannten Risiken nicht ausklammern, sondern offensiv angehen.

3.2. Offensiver Weg

Ich habe versucht, darzulegen, daß das Risikobewußtsein der Öffentlichkeit von einem unklaren, unrealistischen Blick auf bestimmte Sachverhalte geprägt ist. Damit stellt sich von seiten der Unternehmen die Frage der richtigen oder falschen Risikokommunikation. Zur Erläuterung dessen, will ich zwei Beispiele anführen, die zugleich den Ansatz für denkbare Lösungen geben:

Sie erinnern sich an die Störfallserie bei der Firma Hoechst vor gut zwei Jahren, die von der Presse intensiv aufgegriffen worden ist. Zeitweilig war der Eindruck entstanden, daß in dieser Gesellschaft alles drunter und drüber ginge. Durch eine sorgfältige Analyse dieser Störfälle, die später angestellt aber nie wirklich kommuniziert worden ist, wurde dies überzeugend widerlegt. Mir ist damals aufgefallen, daß in anderen Chemieunternehmen zeitgleich ähnliche Störfälle aufgetreten sind, die von der Öffentlichkeit überhaupt nicht wahrgenommen wurden. Diese selektive Wahrnehmung ist nur damit zu erklären, daß Hoechst damals - und wohl auch im Vorfeld - sowohl nach innen wie auch nach außen eine schlechtere Kommunikation pflegte als andere Unternehmen. Angesichts des Imageverlusts von Hoechst kann man diesen Vorgang nicht hoch genug einschätzen und muß daraus Lehren ziehen. Hoechst hat sie gezogen.

Das zweite Beispiel betrifft die unterschiedliche Bewertung der Risiken durch den Automobilverkehr einerseits und durch die Kernenergie in der Bundesrepublik andererseits. Der Individualverkehr stellt unzweifelhaft ein beachtliches Risiko dar. Durch Verkehrsunfälle ist seit dem letzten Krieg immerhin die Bevölkerung einer Großstadt umgekommen, eine noch größere Zahl ist verletzt, zum Teil sogar schwer verletzt worden. Im Bereich der Kernenergie ist hingegen in den 25 Jahren, in denen diese Technologie bei uns eingesetzt wurde, keine einzige Person umgekommen oder verletzt worden. Während es aber in Hinblick auf die Kernenergie seit vielen Jahren eine sehr intensive Ausstiegsdiskussion gibt, existiert hierzulande keine ernstzunehmende gesellschaftliche Gruppe, die das Auto abschaffen will. Dieses unterschiedliche Risikobewußtsein ist meines Erachtens darin begründet, daß beim Auto der individuelle Nutzen im Gegensatz zur Kernenergie so klar erkenntlich ist. Deshalb findet hier eine rationale Risikoabschätzung statt. Es wird nicht, wie bei der Kernenergie, ein absolutes Nullrisiko gefordert.

Was können wir aus diesen beiden Beispielen schließen?

- Ein Unternehmen muß heute ganz konsequent offen über alle Vorgänge informieren. Es muß vor allem auch dann informieren, wenn etwas nach außen nicht Sichtbares passiert. Nur dadurch kann Vertrauen geschaffen, nur dadurch kann Akzeptanz gewonnen werden, die auch dann noch trägt, wenn sich tatsächlich Ernsthaftes ereignet.
- Man muß den Sinn der Tätigkeit eines Unternehmens für die Öffentlichkeit, aber auch für jeden einzelnen, nachvollziehbar machen. Ich bin überzeugt, daß auf Dauer nur die Produkte ausreichende Akzeptanz finden werden, deren Nutzen von und für die überwiegende Mehrheit unmittelbar einleuchtend ist. Unternehmen sind daher gut beraten, die Unternehmensziele ebenso wie ihre Produkte vor diesem Hintergrund in der Öffentlichkeit darzustellen. Hierzu gibt es inzwischen hervorragende Beispiele. Entsprechend robust ist das Standing dieser Unternehmen in der Öffentlichkeit.

Leider gibt es Bereiche, in denen auch dieser Weg nicht gangbar ist. Ein Beispiel hierfür ist wieder die Kernenergie. Ich glaube nicht, daß es heute jemanden gibt, der die Notwendigkeit der Bereitstellung von elektrischer Energie bezweifelt. Es gibt aber sehr starke gesellschaftliche Gruppen, die die Kernenergie gleichwohl strikt ablehnen. Sie sind überzeugt, daß diese Technik zu riskant ist und durch weniger risikobehaftete Technologien ersetzt werden könne. Die gemachte Erfahrung, daß Kernenergie verantwortbar und eine der zuverlässigsten Technologien ist, die Umwelt schützt, das konsequenteste Entsorgungskonzept hat und darüber hinaus noch besonders wirtschaftlich ist, kann nicht vermittelt werden. Der Grund liegt auf der Hand. Die Frage der Wirtschaftlichkeit ist sehr komplex und fast nur für den Fachmann einsichtig. Die Frage, ob CO_2 eine Klimagefahr darstellt, ist derzeit kaum beantwortbar. Sie wird von unterschiedlichen Wissenschaftlern immer noch unterschiedlich bewertet. Und wenn die einzelnen Entsorgungsschritte, die für das Entsorgungskonzept der Kernenergie notwendig sind, politisch blockiert werden, bricht das Konzept zusammen. Es wird sogar fast zur Achillesferse. Und wenn über die Wirkung selbst geringster Dosen radioaktiver Strahlung außerhalb der Fachwelt fast nach Belieben gestritten werden kann, dient dies einer weiteren Verunsicherung der Öffentlichkeit.

Die anhaltende Diskussion um das Kernkraftwerk Krümmel ist dafür ein beredtes Beispiel. Diese Diskussion wird vor allem auch dadurch nicht qualifizierter, daß die ausstiegsorientierte Behörde in Kiel erklärt, ein Zusammenhang zwischen dem Betrieb Krümmel und den auftretenden Leukämiefällen in der Umgebung könne zwar nicht hergestellt werden. Man wolle aber in immer neuen Versuchen für Klarheit sorgen. Versuche übrigens, die der Betreiber des Kraftwerkes zu bezahlen hat, ob er will oder nicht.

In diesen und ähnlichen Fällen kommen die Unternehmen von sich aus nicht weiter. Sie benötigen die Unterstützung seitens der Politik. Daß dies hilft, zeigt eindrucksvoll Frankreich. Dort gibt es ohne Zweifel ebenso viele Kernenergiegegner wie in Deutschland. Durch die klare Haltung der Politik, und zwar sowohl innerhalb der Regierung als auch in der Opposition hat sich die Kernenergie dort eindrucksvoll und zum Wohle des Landes entwickeln können. Dies ist einer der Gründe, warum bei uns die Wiederherstellung eines politischen Konsens in der Frage der Kernenergie angemahnt. Nur auf diesem Weg ist dauerhaft die Aufrechterhaltung eines bedeutsamen nuklearen Anteils an der Stromversorgung möglich. Gelingen diese Bemühungen nicht - und manche Äußerungen stimmen heute eher skeptisch - werden die Stromwirtschaftsunternehmen gezwungen sein, den scheinbar einfacheren Weg zu gehen, nämlich künftig anstelle von Kernenergieanlagen Gas oder Kohlekraftwerke zu errichten. Vor dem Hintergrund anstehender Zukunftsfragen wäre dies nicht gerade unbedenklich.

4. Zielkonflikt der Unternehmen

In welchem Zielkonflikt befinden sich die Unternehmen bei diesen Entscheidungen? Ich möchte zwei Konfliktgruppen herausstellen. Die erste ergibt sich aus der klassischen Kosten-Nutzen-Problematik. Die zweite Gruppe ist komplexer. Ich möchte sie mit dem Stichwort "nachhaltige Entwicklung" umschreiben.

4.1. Kosten-Nutzen-Problematik

Bei jeder Minderung des Risikos stellt sich die Frage nach dem vertretbaren Aufwand. Das gilt nicht nur für die Kosten im Hardwarebereich, sondern in zunehmendem Maße auch für diejenigen im Softwarebereich. Ein Unternehmen wird sich die Frage stellen müssen: Lohnt es sich überhaupt, für die Aufnahme oder Sicherung einer bestimmten Geschäftstätigkeit die öffentliche Akzeptanz zu gewinnen?

Die deutsche Nuklearindustrie hat ein Reaktorkonzept entwickelt, das den großen Störfall auf eine Eintrittswahrscheinlichkeit von 10^{-7} reduziert. Nach allen rationalen Maßstäben ist dies eine zu vernachlässigende Größe. Anders ausgedrückt, die getroffenen Vorsorgemaßnahmen sind mehr als ausreichend. Dennoch ist die Diskussion um die Kernenergie nicht verstummt. Die Tatsache, daß Tschernobyl eine GAU-Eintrittswahrscheinlichkeit von 10^{-1} bis 10^{-2} hatte und daher unvergleichbar ist, ist offensichtlich nicht zu kommunizieren. Deshalb denken die Energieversorgungsunternehmen (EVU) derzeit ernsthaft darüber nach, ob sie eine Anlage entwickeln sollen, die über den derzeitigen Risikostand noch hinausgeht. Sie sähe Einrichtungen vor, die in der Lage sind, die Auswirkungen im Kernschmelzvorgang, auch wenn dieser praktisch ausgeschlossen ist, auf die Anlage zu begrenzen. Das wäre eine Entscheidung, die viele hundert Mio. DM Investitionen nach sich ziehen würde. Ich plädiere dafür, sie zu treffen.

Weniger dramatisch, gleichwohl schwierig, ist die Frage zu beantworten, wieviel Aufwand eine Fluggesellschaft treiben soll, um mit zufriedenstellender Sicherheit angebliche oder auch tatsächliche Bombendrohungen von der Gesellschaft bzw. von den Kunden abzuhalten. Wie wir wissen, ist die Pan Am letztlich an dieser Frage gescheitert. Wobei von Interesse ist, aus welchem Grunde sich gerade bei der Pan Am ein so starkes Bedrohungspotential aufgebaut hat.

Zahlreiche solche Fragen stehen täglich auf der Agenda eines Unternehmens. Die Beantwortung ist keinesfalls trivial. Sie hängt stark von der Entwicklung des gesellschaftlichen Umfeldes ab, insbesondere von der Bereitwilligkeit des Kunden, zusätzliche Kosten für mehr Sicherheit, echte, oft auch nur scheinbare, zu bezahlen. Für die Verantwortlichen eines Unternehmens darf es daher von vornherein nicht ausgeschlossen sein, sich von einem Geschäftsfeld zu trennen. Diese wenigen Hinweise zeigen, daß Risikomanagement im weiteren Sinne in unserer heutigen Wohlstandsgesellschaft eine existentielle Bedeutung besitzt.

4.2. Nachhaltige Entwicklung

Die Einbeziehung nachhaltiger Entwicklungen in die Risikobetrachtung gestaltet sich ungleich komplexer als die Kosten-Nutzen-Problematik.

Frau Brundtland, die norwegische Ministerpräsidentin, hat in Erweiterung des Kantschen Lehrsatzes gesagt: "Wir müssen unsere Ressourcen so nutzen, daß unsere Nachkommen in der Nutzung ihrer Ressourcen nicht eingeschränkt sein werden." Das klingt klar und nachvollziehbar, bringt aber in der praktischen Umsetzung erhebliche Probleme mit sich.

Wie sollen z. B. Unternehmen heute auf die Möglichkeit einer schwerwiegenden Klimabeeinflußung durch CO_2 reagieren? Sollen sie schon heute Vorleistungen treffen und dies auch gegen ihre

Konkurrenz in anderen Ländern, wo diese Frage nur potentiell im Raum steht?

Bei der Entwicklung eines Drei-Liter-Autos, das bei uns aktuell als eine wirkungsvolle Vorsorgemaßnahme gegen eine Klimabedrohung diskutiert wird, mögen sich sogar Vorteile für den Hersteller ergeben, durch die sich die Aufwendungen rechnen. Darüber hinaus bringen solche Autos am Ende auch Wettbewerbsvorteile. Aber beim Bau von Niedrigenergiehäusern ist es in hohem Maße zu bezweifeln, daß die Mehrkosten für die verbesserte Isolierung durch entsprechend höhere Mieteinnahmen gedeckt werden. Wiederum anders verhält es sich mit CO_2-sparsamen Energieproduktionsanlagen. Weitere Kernenergieanlagen könnten zwar manche Probleme lösen, aber man kann die dafür erforderlichen Investitionen in dem heute bestehenden unsicheren Genehmigungsumfeld verantworten. Hier wird besonders deutlich, daß dieser Zielkonflikt sich in befriedigender Weise nur in engem Schulterschluß mit der Politik lösen läßt. Zur Zeit ist dies aber noch schwierig, da die Politik selbst noch keine klare Position bezogen hat oder nicht den Mut hat, diese zu artikulieren und durchzusetzen.

5. Erkenntnisse für die Risikokommunikation

Lassen sie mich die für mich wichtigen Aussagen wie folgt zusammenfassen:

- Risikokommunikation muß, um Botschaften "über die Rampe zu bringen", die Unternehmenspolitik in einem größeren Zusammenhang darstellen. Der "Mann auf der Straße" muß von sich aus das Gefühl entwickeln, daß er ein "gutes" Unternehmen vor sich hat und daß er persönlich einen Nutzen aus der Unternehmenstätigkeit zieht.

- Die Unternehmen müssen sich weit stärker als bisher mit den Ängsten aus Sicht der Betroffenen auseinandersetzen. Risikokultur als integrierter Bestandteil der Unternehmenskultur muß darin bestehen, daß sich das Unternehmen als Ansprechpartner für die Nöte und Bedürfnisse seiner Kunden und darüber hinaus der Gesellschaft versteht.

- Das beste Kommunikationsmittel wäre, wenn die Unternehmenskultur öffentlich sichtbar würde und wenn daran festgemacht werden könnte, daß sich das Unternehmen mit Risiken - im Zusammenhang mit den verfolgten unternehmerischen Chancen - abmüht. In diese übergreifend angelegte Risikokommunikation könnte die ex post Störfallkommunikation hilfreich eingebettet werden.

- Vertrauen erwächst den Unternehmen aber nicht nur, indem sie Anstrengungen machen, von der Anklagebank herunterzukommen. Vertrauen erwächst vor allem, wenn die Unternehmen als Problemlöser für die Zukunft anerkannt werden, indem sie Innovationen schaffen und bereit sind, gesellschaftlich abgestimmte Risiken zu tragen.

- Kommunikation ist in diesem Zusammenhang keine "Mehrzweckwaffe" mit der Gewähr, daß der Partner überzeugt werden könnte. Im Gegenteil: Die Unsicherheit und Verwirrung gegenüber Risiken kann sich im Einzelfall noch vergrößern. Dieses Risiko der Risikokommunikation ist aber unvermeidlich. Eine Alternative zur Kommunikation existiert nicht. Das strategisch kommunizierende Unternehmen hat auf jeden Fall die Chance, im gesamtgesellschaftlichen Kommunikationsprozeß eine aktive und souveräne Rolle zu spielen und damit die Zukunft der Industriegesellschaft mitzugestalten.

Weitere Veröffentlichungen

Gerling, Rolf / Obermeier, Otto-Peter (Hrsg.):
Risiko - Störfall - Kommunikation, Band I.
München, Gerling Akademie Verlag 1994.
ISBN 3-9803352-0-8

Obermeier, Otto-Peter / Schüz, Mathias (Hrsg.):
Risk - Paradise Lost or Gained? -
A Holistic Approach to the Environment.
New York, Gardner Press 1995.
ISBN 0-898776-230-8

Schüz, Mathias (Hrsg.): Risiko und Wagnis -
Die Herausforderung der industriellen Welt,
Band I und II. Pfullingen, Neske Verlag 1990.
ISBN 3-7885-0327-0